Atendimento educacional especializado

SÉRIE PRESSUPOSTOS DA EDUCAÇÃO ESPECIAL

Atendimento educacional especializado

Patricia Gonçalves

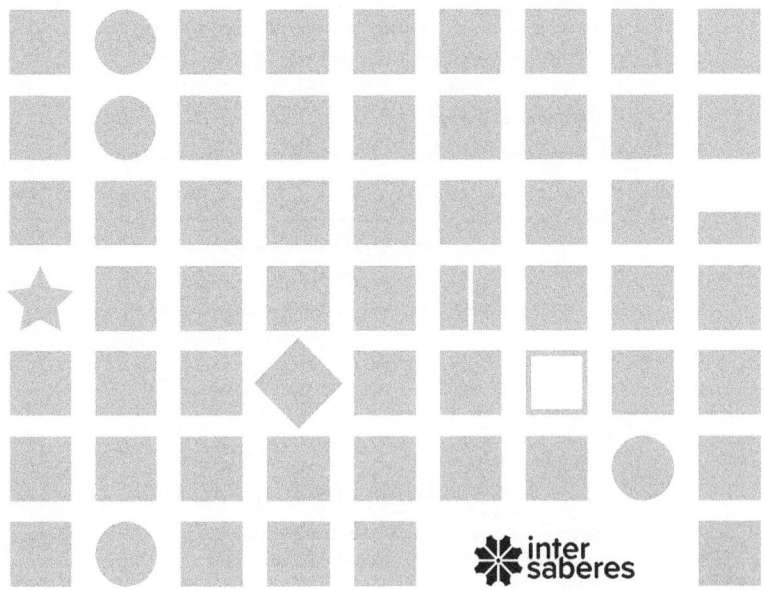

inter saberes

inter saberes

Rua Clara Vendramin, 58 . Mossunguê . CEP 81200-170 . Curitiba . PR . Brasil
Fone: (41) 2106-4170 . www.intersaberes.com . editora@intersaberes.com

Conselho editorial
Dr. Ivo José Both (presidente)
Dr.ª Elena Godoy
Dr. Neri dos Santos
Dr. Ulf Gregor Baranow

Editora-chefe
Lindsay Azambuja

Gerente editorial
Ariadne Nunes Wenger

Assistente editorial
Daniela Viroli Pereira Pinto

Preparação de originais
Arte e Texto Edição e Revisão de Textos

Edição de texto
Mille Foglie Soluções Editoriais
Mycaelle Albuquerque Sales

Capa e projeto gráfico
Bruno Palma e Silva (design)
ezhenaphoto/Shutterstock (imagem de capa)

Diagramação
Jakline Dall Pozzo dos Santos

Designer responsável
Luana Machado Amaro

Iconografia
Sandra Lopis da Silveira
Regina Claudia Cruz Prestes

Dados Internacionais de Catalogação na Publicação (CIP)
(Câmara Brasileira do Livro, SP, Brasil)

Gonçalves, Patricia
　　Atendimento educacional especializado/Patricia Gonçalves. Curitiba: InterSaberes, 2021. (Série Pressupostos da Educação Especial)

　　Bibliografia.
　　ISBN 978-65-5517-901-9

　　1. Atendimento 2. Educação 3. Educação especial I. Título II. Série.

20-53060　　　　　　　　　　　　　　　　　　　　　　　　　　　CDD-370.1

Índices para catálogo sistemático:
1. Educação　370.1

Aline Graziele Benitez – Bibliotecária – CRB-1/3129

1ª edição, 2021.

Foi feito o depósito legal.

Informamos que é de inteira responsabilidade da autora a emissão de conceitos.

Nenhuma parte desta publicação poderá ser reproduzida por qualquer meio ou forma sem a prévia autorização da Editora InterSaberes.

A violação dos direitos autorais é crime estabelecido na Lei n. 9.610/1998 e punido pelo art. 184 do Código Penal.

Sumário

11   *Prefácio*
15   *Apresentação*
19   *Como aproveitar ao máximo este livro*
23   *Introdução*

Capítulo 1
25   **Atendimento educacional especializado**
27   1.1 O que é AEE?
32   1.2 Formação do professor do AEE
35   1.3 Plano de Trabalho Individualizado (PTI) no AEE
38   1.4 Organização do atendimento
42   1.5 Quem tem direito ao AEE

Capítulo 2
53   **Modalidades de atendimento na educação especial**
55   2.1 Salas de recursos tipo I e tipo II
59   2.2 Professor de apoio à comunicação alternativa/intérprete
60   2.3 Auxiliar operacional
62   2.4 CAEDV/Caes/Sareh/Coensino
69   2.5 Escola especial e professor itinerante

Capítulo 3

81 Concepção de deficiência, transtornos globais do desenvolvimento e altas habilidades ou superdotação

83 3.1 Deficiência intelectual e deficiência física
86 3.2 Síndrome de Down
89 3.3 Deficiência visual e deficiência auditiva
95 3.4 Surdocegueira e deficiências múltiplas
99 3.5 Transtornos globais do desenvolvimento
108 3.6 Altas habilidades ou superdotação

Capítulo 4

119 Procedimentos didático-metodológicos dos contextos comum e especial

120 4.1 Procedimentos didáticos para a promoção do estudante PAEE
124 4.2 Histórico da tecnologia assistiva no Brasil
128 4.3 Tecnologia assistiva e outros recursos metodológicos
133 4.4 Recursos adaptados
135 4.5 Recursos de tecnologia assistiva destinados a pessoas surdas, com deficiência auditiva, cegas ou com deficiência visual

Capítulo 5

147 Flexibilização curricular

148 5.1 O que difere a flexibilização da adaptação escolar?
153 5.2 Estilos de aprendizagem
157 5.3 Diferentes formas de adaptar ou flexibilizar
160 5.4 Sugestões de atividades e procedimentos
163 5.5 Como avaliar o estudante PAEE com flexibilização curricular

Capítulo 6

173 **Processos de identificação de alunos no contexto regular de ensino, Plano Nacional de Educação (PNE 2011-2020) e Decreto 10.502, de 30 de setembro de 2020**

175 6.1 Marcos históricos e normativos
182 6.2 Diagnóstico da educação especial
184 6.3 Objetivo da Política Nacional de Educação Especial na Perspectiva da Educação Inclusiva
185 6.4 Alunos atendidos pela educação especial
188 6.5 Diretrizes da Política Nacional de Educação Especial na Perspectiva da Educação Inclusiva
190 6.6 PNE (2011-2020) – Meta 4
192 6.7 Decreto n. 10.502/2020

203 *Considerações finais*
205 *Lista de siglas*
207 *Referências*
225 *Bibliografia comentada*
229 *Anexo*
231 *Respostas*
233 *Sobre a autora*

Dedico este trabalho a todos os estudantes com os quais interagi em duas décadas de trabalho. Àqueles que ajudei, mas especialmente aos que não soube compreender suas reais necessidades pela inexperiência ou pela falta de conhecimento à época.

Agradeço a meu marido, Nícolas José Tavares, meu melhor incentivador e meu maior crítico, por todo o carinho e a compreensão nos momentos em que precisei estar na caverna para aprofundar minhas teorias e trazer luz às minhas incertezas.

A todos os professores e colegas de trabalho e pesquisa, que tanto me ajudaram na incessante jornada rumo à aquisição de conhecimento.

E a todos os estudantes que passaram por meu trajeto profissional, por me ensinarem diariamente com suas diferentes maneiras de pensar, sentir, agir e aprender.

Educação é uma descoberta progressiva de nossa própria ignorância.
(Voltaire)

Prefácio

Foi uma surpresa agradável receber o convite para apreciar o trabalho de uma colega de ideais, com a responsabilidade de esclarecer aos leitores como este material pode contribuir para o esclarecimento e o aprendizado do conteúdo, tão bem pesquisado e exposto.

O primeiro ponto a ser destacado refere-se ao fato de, embora inquestionável, o papel da escola e da família no desenvolvimento das capacidades do ser humano nem sempre ser objeto de estudos e resultados de pesquisas que pudessem dar apoio na condução das dificuldades que esses dois pilares encontravam.

De maneira geral, os sistemas de ensino estiveram, por muito tempo, direcionados ao atendimento da média dos alunos. Entretanto, a partir de certo momento, a identificação e o encaminhamento das necessidades educativas especiais mostraram a urgência de maior suporte para encontrar alternativas que favorecessem um ensino mais individualizado. Ficou evidenciada a necessidade de integrar pessoas com habilidades diferentes de modo mais flexível para atender o verdadeiro princípio da inclusão.

A inclusão dos alunos que hoje são o público-alvo da educação especial (PAEE) nunca foi tão discutida como atualmente. Constata-se, entretanto, a grande dificuldade que a escola e os educadores ainda encontram na condução desses alunos e das situações acadêmicas que fogem daquelas esperadas.

Ao avançar na leitura das páginas deste livro, nota-se que ele foi cuidadosamente planejado para abranger as diversas facetas da educação especial e fornecer ao leitor um detalhamento das várias situações que podem ser encontradas na vivência escolar, assim como daquilo que a legislação estipula para que estas sejam adequadamente atendidas.

Esse planejamento torna este livro extremamente didático, uma vez que o elenco dos temas apresentados é muito abrangente e poderá ajudá-lo, leitor, a localizar justamente o que precisa para seu esclarecimento e orientação.

A autora buscou descrever as diversas possibilidades para o conhecimento das necessidades dos alunos por meio de vários enfoques teóricos, além de estabelecer aproximações entre a identificação de cada abordagem e suas especificidades. Ela reforça, também, que todos os indivíduos envolvidos no processo educativo devem estar comprometidos com o processo inclusivo.

A escolha do formato para finalizar cada capítulo mostra uma coerência docente, pois apresenta um resumo do que foi descrito, procura revisar e fixar o assunto, trazer um momento interessante com sugestões de filmes e encerra com a fundamentação que sustentou cada segmento. Essa maneira de conduzir a sequência da obra orienta o leitor e ajuda a organizar a aprendizagem.

Este livro é uma ferramenta importante para os educadores, uma vez que é por meio da qualificação profissional, da eficácia das pesquisa e da adequação dos serviços prestados que se abre espaço para o respeito às necessidades de cada educando.

Não há dúvida de que a obra se propõe a responder a questões que emergem constantemente no dia a dia das escolas inclusivas, na caminhada dos educadores e daqueles que estão se preparando para assumir esse papel com segurança e respeito pela diversidade que irão encontrar.

Resta-me, então, agradecer a gentileza do convite para prefaciar esse importante trabalho, que tive grande satisfação de poder conhecer e analisar, deixando uma reflexão da grande educadora Maria Helena Novaes (1975, p. 57):

> Só ajuda o aluno a crescer, o educador que se propõe a crescer também; só ensina alguma coisa aquele que está aberto a aprender; e só educa verdadeiramente quem vê diante de si uma trajetória de realizações criativas buscando sempre se renovar, demonstrando o seu profundo respeito pelo outro e pela própria vida.

Maria Lúcia Prado Sabatella
Mestre em Educação e pesquisadora na área da Inteligência e da Superdotação, fundadora e presidente do Instituto para Otimização da Aprendizagem (Inodap)

Apresentação

Se você, caro leitor, imaginou que, por meio desta leitura, todas as suas dúvidas sobre educação especial estariam esclarecidas, sinto lhe informar que esta obra não tem a pretensão de ser um guia ou um manual sobre como o trabalho com o estudante público-alvo da educação especial (PAEE) deve ser realizado dentro do atendimento educacional especializado (AEE). Depois de mais de 20 anos de experiência, seria pretensão minha acreditar que poderia simplesmente formular uma receita com procedimentos exímios a serem seguidos. Sim, a experiência nos traz ainda mais dúvidas e incertezas sobre como agir e trabalhar com esse público tão específico. O lado positivo, no entanto, é que, ao buscar conhecimento, estudar, trocar informações pertinentes com os colegas e, acima de tudo, ouvir nossos alunos, aprendemos diariamente a trabalhar, nos relacionar e respeitar os estudantes com que trabalhamos.

Nesse sentido, apresentaremos em seis capítulos alguns temas atinentes a essa discussão a fim de apontar alguns caminhos a serem trilhados nessa jornada de constante aprendizagem tanto para estudantes quanto para professores.

No Capítulo 1, explicaremos o que é o atendimento educacional especializado (AEE), apresentaremos o histórico dessa modalidade de atendimento e a legislação que a assegura, bem como os direitos atuais dos alunos que podem frequentá-lo. Também discorreremos sobre a formação do profissional que atua nesse atendimento e como este funciona dentro das salas de recursos espalhadas por todo o país.

No Capítulo 2, abordaremos as modalidades de atendimento na educação especial, como as salas de recursos tipo I e tipo II e as salas para enriquecimento curricular de estudantes com altas habilidades, surdez e cegueira. Também comentaremos algumas iniciativas de Coensino ou Corregência, já existentes em nosso país, e as diferenças entre professor de apoio à comunicação alternativa (PAC) e professor de apoio educacional especializado (PAEE), além de versarmos sobre o trabalho do Serviço de Atendimento à Rede de Escolarização Hospitalar (Sareh), ou AEE hospitalar.

No Capítulo 3, discutiremos as concepções de deficiência, transtornos globais do desenvolvimento e altas habilidades ou superdotação. Dito de outro modo, nesse capítulo apresentaremos alguns dos principais diagnósticos e avaliações dos estudantes PAEE, bem como as características de cada um deles.

No Capítulo 4, identificaremos alguns procedimentos didático-metodológicos que podem ser realizados no contexto comum e especial de ensino para otimizar a aprendizagem dos estudantes inclusos. Citaremos algumas estratégias de trabalho no AEE e na sala de aula regular, como adaptações que os professores podem fazer quanto ao currículo e ao sistema de avaliação. Também mencionaremos a tecnologia assistiva para as pessoas com deficiência física, esclarecendo o que já é acessível na área da surdez e da cegueira, além de alguns procedimentos que podem ser adotados em sala para enriquecer a aprendizagem dos estudantes superdotados.

No Capítulo 5, trataremos especificamente dos conceitos de adaptação e flexibilização escolar, definindo-os e mostrando como, na prática, o professor pode adaptar seus recursos e sua dinâmica de sala de aula para que os estudantes tenham êxito no processo de aprendizagem, tendo suas especificidades respeitadas.

Por fim, no Capítulo 6, tomaremos nota das diretrizes da política de educação especial inclusiva, do Plano Nacional de Educação (PNE) 2011-2020 e do Decreto n. 10.502, de 30 de setembro de 2020. Analisaremos os principais avanços que ocorreram na área da educação especial nos últimos anos, sem deixar de refletir sobre o que ainda pode ser feito e desenvolvido para promover a inclusão dos estudantes.

Espero, assim, que esta obra esclareça algumas dúvidas e que suscite muitas outras para que você, leitor, continue estudando e se especializando na área que lhe despertar maior interesse.

Desejo uma excelente leitura e faço votos de que esta semente de aprendizagem gere muitos frutos em sua jornada profissional.

Como aproveitar ao máximo este livro

Empregamos nesta obra recursos que visam enriquecer seu aprendizado, facilitar a compreensão dos conteúdos e tornar a leitura mais dinâmica. Conheça a seguir cada uma dessas ferramentas e saiba como estão distribuídas no decorrer deste livro para bem aproveitá-las.

Introdução do capítulo
Logo na abertura do capítulo, informamos os temas de estudo e os objetivos de aprendizagem que serão nele abrangidos, fazendo considerações preliminares sobre as temáticas em foco.

Fique atento!
Ao longo de nossa explanação, destacamos informações essenciais para a compreensão dos temas tratados nos capítulos.

Curiosidade
Nestes boxes, apresentamos informações complementares e interessantes relacionadas aos assuntos expostos no capítulo.

Síntese
Ao final de cada capítulo, relacionamos as principais informações nele abordadas a fim de que você avalie as conclusões a que chegou, confirmando-as ou redefinindo-as.

Indicações culturais
Para ampliar seu repertório, indicamos conteúdos de diferentes naturezas que ensejam a reflexão sobre os assuntos estudados e contribuem para seu processo de aprendizagem.

Atividades de autoavaliação

Apresentamos estas questões objetivas para que você verifique o grau de assimilação dos conceitos examinados, motivando-se a progredir em seus estudos.

Atividades de aprendizagem

Aqui apresentamos questões que aproximam conhecimentos teóricos e práticos a fim de que você analise criticamente determinado assunto.

Bibliografia comentada

Nesta seção, comentamos algumas obras de referência para o estudo dos temas examinados ao longo do livro.

Introdução

A inclusão de estudantes com algum tipo de deficiência, transtornos globais do desenvolvimento, altas habilidades ou superdotação, ou seja, dos estudantes público-alvo da educação especial (PAEE), nunca foi tão discutida em nosso país quanto atualmente. Desde 1996, quando a Lei de Diretrizes e Bases (LDB) – Lei n. 9.394, de 20 de dezembro de 1996 (Brasil, 1996) – passou a assegurar o direito de esses estudantes estarem inseridos no contexto regular, várias adaptações curriculares, discussões pedagógicas e análises acadêmicas têm sido desenvolvidas. O intuito é oferecer um melhor ambiente arquitetônico e acadêmico, que acolha e promova a aprendizagem desse público.

No entanto, ainda é grande a carência de formação para os professores que desejam revisar alguns conceitos para adaptar suas disciplinas, melhorar a forma de apresentar seus conteúdos e rever suas avaliações. O objetivo desses profissionais é caminhar no sentido da inclusão.

Assim, nesta obra, traremos algumas referências de estudiosos envolvidos com a área e alguns aspectos legais, além de oferecer sugestões de atividades e procedimentos. Reforçamos, porém, que, nessa empreitada, não teremos todas as respostas prontas, pois, de acordo com as necessidades dos alunos e das escolhas profissionais que cada um de nós fizermos, saberemos mais especificamente a respeito do trabalho com os superdotados, os surdos, os cegos, os deficientes físicos. Enfim, é no trabalho diário com os estudantes que buscaremos mais conhecimentos, mais técnicas específicas e aprimoraremos continuamente nosso trabalho com a educação especial.

Nesta trajetória, apresentaremos a educação especial e o atendimento especializado aos estudantes PAEE de forma dinâmica e bastante prática, sem deixar de lado a legislação que regulamenta e as teorias que fundamentam a prática em sala de aula.

Capítulo 1
Atendimento educacional especializado

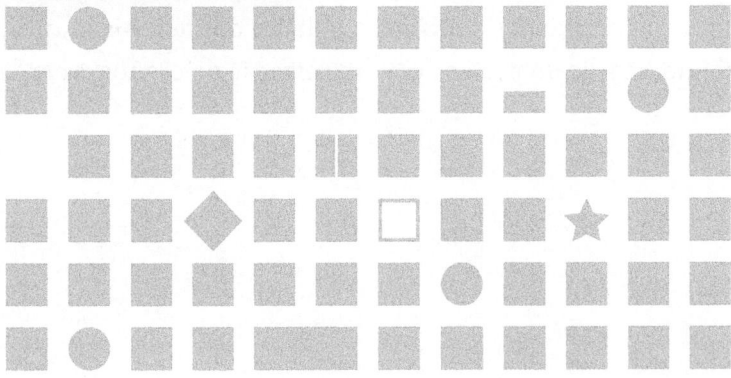

Neste primeiro capítulo, apresentaremos o atendimento educacional especializado (AEE) como uma modalidade de atendimento oferecido aos estudantes público-alvo da educação especial (PAEE).

Apresentaremos o histórico dessa modalidade de atendimento, bem como a legislação que a assegura e os direitos atuais dos alunos que podem frequentar o AEE. Mostraremos que esse é um direito assegurado e que nenhuma escola pública ou particular pode cobrar algo a mais por isso.

Também discorreremos sobre a formação do profissional que atua nesse atendimento e como ele pode auxiliar os professores do ensino regular e demais profissionais da escola a realizarem adaptações simples que podem ajudar a melhorar o acesso, a permanência e o sucesso do estudante incluso.

Sobre o funcionamento das salas de recursos, destacaremos a importância de o professor conhecer seus estudantes e identificar suas fragilidades e potencialidades para organizar seu cronograma de atendimento de acordo com as especificidades de cada aluno. Assim, o número de dias e horários em que o estudante estará com o professor especialista dependerá de suas necessidades e das necessidades dos demais alunos, ficando a cargo do professor a organização do cronograma.

1.1 O que é AEE?

Historicamente, as salas de recursos multifuncionais (SRM) vêm, desde 2007[1], sendo promovidas pela Secretaria de Educação Especial (Seesp) do Ministério da Educação (MEC). O principal objetivo da sala é a efetivação do serviço de AEE. O programa é destinado às escolas das redes estaduais e municipais de educação e tem o propósito de promover um ensino de qualidade para alunos com deficiência, transtornos globais do desenvolvimento e altas habilidades ou superdotação, ou seja, os estudantes atualmente considerados como PAEE.

Esse programa é desenvolvido de forma complementar e suplementar à escolarização, sendo oferecido no contraturno em que a criança está matriculada no ensino regular. Dito de outro modo, a frequência na sala de recursos não exclui a participação do estudante no ensino regular; ao contrário, ele precisa estar efetivamente matriculado na sala de aula comum para receber o atendimento especializado no turno contrário.

As salas e, consequentemente, o atendimento especializado foram criados para assegurar condições de acesso, participação e aprendizagem no ensino regular, possibilitando a oferta do AEE. O intuito é auxiliar o estudante em suas dificuldades

---

[1] O programa de implantação de SRM foi lançado pelo Edital n. 1, de 26 de abril de 2007 (Brasil, 2007c), com o objetivo geral de apoiar os sistemas de ensino na organização e oferta do AEE. As salas estão definidas no art. 5°, parágrafo 3°, do Decreto n. 7.611, de 17 de novembro de 2011, como: "ambientes dotados de equipamentos, mobiliários e materiais didáticos e pedagógicos para a oferta do atendimento educacional especializado" (Brasil, 2011a). Este decreto revogou o Decreto n. 6.571, de 8 de setembro de 2008 (Brasil, 2008a).

que não podem ser sanadas na sala comum, mas de forma não substitutiva à escolarização (Brasil, 2007c). Contudo, salientamos que a função do professor do atendimento não é fazer reforço escolar, mas, de maneira prática e dinâmica, trabalhar conceitos e estratégias que ajudem os alunos a compreenderem os conteúdos expostos em sala de aula por seus professores especialistas nas diferentes disciplinas. Nas palavras de Garcia (2013, p. 109): "No caso da educação especial, a modalidade tem características muito próprias, uma vez que não substitui o ensino fundamental e médio, mas deve complementá-los transversalmente".

Antigamente, existiam as classes especiais, que constituíam turmas formadas por estudantes com algum tipo de deficiência. As aulas eram ministradas por um professor especialista, que lecionava alguns conteúdos de forma resumida ou adaptada, buscando seguir as mesmas diretrizes adotadas no ensino regular. Na maioria das escolas, essa modalidade de atendimento não existe mais, pois as salas de recursos vieram renovar esse atendimento, além de possibilitar aos estudantes PAEE a inclusão em classes comuns, sendo subsidiados, quando necessário, pelas salas de recursos.

De acordo com Baptista (2011, p. 70):

> Algumas das vantagens que eram associadas à classe especial podem ser potencializadas na sala de recursos, pois o trabalho com pequenos grupos é estimulado, permitindo melhor acompanhamento do aluno, favorecendo trajetórias de aprendizagem mais individualizadas sob a supervisão de um docente com formação específica. No caso da sala de recursos, a grande vantagem é que esse processo tem

condições de alternância contínua com aquele desenvolvido na sala de aula comum.

Com o fito de efetivar o atendimento especializado nas salas de recursos, a Seesp, desde a implementação, em 2005, tem feito investimentos para o AEE, fornecendo equipamentos, mobiliários e materiais didático-pedagógicos e de acessibilidade para a organização das SRM. No decorrer desse período, também têm sido levantadas diversas discussões sobre as atribuições e a formação dos professores do AEE. Cursos de capacitação e de aperfeiçoamento estão sendo oferecidos e requisitados dentro dos estados e municípios para que os professores possam atualizar suas práticas, rever suas teorias e construir novas formas de favorecer a aprendizagem de seus alunos.

No entanto, não podemos ignorar que a SRM é uma realidade relativamente nova em todo o território nacional, conforme observado por Oliveira e Leite (2011, p. 198).

> No contexto de inclusão educacional, a sala de recursos ganha papel fundamental na viabilização do acesso da parcela de alunos com NEEs [necessidades educacionais especiais] ao currículo comum. De acordo com as recomendações legais, no caso, as Resoluções SE N° 8 (2006) e SE N° 11 (2008), a sala de recursos compõe um dos suportes existentes na Educação Especial e oferece serviço de natureza pedagógica, a fim de complementar ou suplementar o atendimento educacional fornecido na sala comum.

Em outras palavras, claramente o processo de inclusão escolar não se limita a inserir o estudante com algum tipo de deficiência, transtorno ou limitação cognitiva na sala de aula regular. É evidente a necessidade de empenho de todos os profissionais da escola, incluindo o professor do atendimento, os demais docentes e a equipe pedagógica. Em suma, precisa haver um trabalho conjunto para atender às necessidades educacionais dos alunos da educação especial, muitas vezes privados do direito de ingresso, permanência e sucesso na escola básica.

Outro marco importante no processo de inclusão escolar e no atendimento suplementar dos estudantes é a Política Nacional de Educação Especial na Perspectiva da Educação Inclusiva do MEC (Brasil, 2008b). Nesse documento, defende-se que a matrícula dos alunos com deficiência, transtornos globais do desenvolvimento e altas habilidades/superdotação deve ser feita preferencialmente na classe comum das escolas regulares, evitando-se os serviços segregados, contando com o atendimento educacional especializado para auxiliar no seu desempenho escolar.

Com isso, a tendência seria ter mais e mais alunos inclusos nas salas de aula regulares, aumentando a diversidade de estudantes. Para isso, algumas medidas devem ser tomadas não somente para a inclusão escolar, mas também para que se promova uma educação de qualidade para todos. Entre elas, podemos citar algumas atitudes simples desde a matrícula do estudante. É importante que os profissionais da secretaria sejam devidamente treinados para que, com muita educação e respeito, perguntem aos pais ou responsáveis que efetivarão a matrícula se o estudante a ser matriculado tem algum laudo ou avaliação clínica ou psicoeducacional. Essa é uma orientação que auxilia posteriormente a equipe pedagógica a organizar as turmas e seu quadro de professores, além de providenciar a organização geral e arquitetônica da escola com o objetivo de que todos os estudantes sejam bem atendidos. Ressaltamos que de forma alguma um estudante pode ter sua matrícula negada por ser uma pessoa com algum tipo de deficiência, transtorno ou por apresentar alguma patologia clínica ou limitação de aprendizagem. Negar a matrícula de um estudante da educação especial é crime sujeito à punição, como prevê a Resolução n. 2, de 11 de setembro de 2001 (Brasil, 2001c), do Conselho Nacional de Educação (CNE) e da Câmara de Educação Básica (CEB)[2].

Outra sugestão simples é o professor regente da sala comum se aproximar do estudante e perguntar se ele está sentindo alguma dificuldade em compreender seu conteúdo, se gostaria que o ajudasse de outra forma, ou até mesmo que mudasse sua maneira de apresentar o conteúdo. Como o professor da sala de recursos nem sempre é formado em áreas específicas como química, física, ciências ou biologia, essa conversa próxima com os professores do ensino regular é importante, pois quando o estudante atendido no AEE apresentar alguma dúvida específica sobre os conteúdos, o professor de determinada disciplina poderá esclarecer.

Por fim, vale mencionar o Decreto n. 7.611, de 17 de novembro de 2011, que apresenta os objetivos do atendimento educacional especializado:

---

[2] De acordo com a legislação federal, qualquer escola pública ou particular que negar matrícula a aluno com deficiência comete crime punível com reclusão de 1 a 4 anos – art. 8 da Lei n. 7.853, de 24 de outubro de 1989 (Brasil, 1989).

I. prover condições de acesso, participação e aprendizagem no ensino regular e garantir serviços de apoio especializados de acordo com as necessidades individuais dos estudantes;

II. garantir a transversalidade das ações da educação especial no ensino regular;

III. fomentar o desenvolvimento de recursos didáticos e pedagógicos que eliminem as barreiras no processo de ensino e aprendizagem; e

IV. assegurar condições para a continuidade de estudos nos demais níveis, etapas e modalidades de ensino.

Assim, sublinhamos que, legalmente, os estudantes PAEE estão resguardados de seus direitos de atendimento tanto dentro da escola regular quanto em atendimentos extracurriculares, que devem assegurar as condições necessárias para a promoção da aprendizagem desses estudantes.

1.2 Formação do professor do AEE

Na formação inicial do professor em cursos de Pedagogia ou de Licenciatura, é comum que seja ofertada uma única disciplina específica de educação especial durante toda a graduação. Obviamente, essa carga horária não é suficiente para formar um profissional especializado ante a diversidade encontrada nas salas de aula.

Por essa razão, os professores que decidem atuar nessa modalidade de ensino precisam recorrer a um curso de especialização em Educação Especial ou um curso em nível de licenciatura específico nessa área. Contudo, na maioria dos casos, os cursos de pós-graduação *lato sensu* contribuem para a formação no que se refere às demandas específicas, mas não são a única fonte de aprimoramento, pois, como em qualquer outra área da educação, é preciso complementar a formação inicial com cursos, capacitações e outras formas de adquirir conhecimentos e trocas de ideias. Afinal, a todo momento todos somos bombardeados com novas informações e os estudantes estão inteirados desse processo, o que significa que o professor não pode lecionar como se fazia há 20 ou 30 anos. Nesse sentido, para Vieira (2008, p. 58), é essencial fazer "investimentos na formação continuada, pois a formação que recebemos, realmente, não nos tem ofertado condições para lidar com as questões que hoje temos nas escolas".

Ao se considerar os concursos das principais capitais do país e dos Institutos Federais (IF), percebe-se que a formação mínima requerida do professor do atendimento especializado na sala de recursos é licenciatura em Educação Especial ou licenciatura com especialização nessa área.

Na legislação nacional, a formação de professores para o atendimento de alunos PAEE é abordada em vários documentos oficiais, destacando-se que estes devem ser capacitados e especializados para atender às necessidades educacionais dos alunos, favorecendo a inclusão escolar (Brasil, 1996).

Também devem ser ofertadas aos professores oportunidades de formação continuada, inclusive em nível de especialização, pelas instâncias educacionais da União, dos estados, do Distrito Federal e dos municípios (Brasil, 1996, 2001a).

Acerca dessas considerações, Prieto, Mantoan e Arantes (2006, p. 50) apontam para a necessidade de formação continuada dos professores, destacando a importância de investimentos na qualidade de ensino:

> a formação continuada do professor deve ser um compromisso dos sistemas de ensino comprometidos com a qualidade do ensino que, nessa perspectiva, devem assegurar que sejam aptos a elaborar e a implantar novas propostas e práticas de ensino para responder às características de seus alunos, incluindo aquelas evidenciadas pelos alunos com necessidades educacionais especiais.

Assim, a formação específica do professor é extremamente necessária, considerando que, de acordo com o documento elaborado pela Seesp, as atribuições do professor de AEE contemplam:

- Elaboração, execução e avaliação do plano de AEE do aluno;
- Definição do cronograma e das atividades do atendimento do aluno;
- Organização de estratégias pedagógicas e identificação e produção de recursos acessíveis;
- Ensino e desenvolvimento das atividades próprias do AEE, tais como: Libras, Braille, orientação e mobilidade, Língua Portuguesa para alunos surdos; informática acessível; Comunicação Alternativa e Aumentativa – CAA, atividades de desenvolvimento das habilidades mentais superiores e atividades de enriquecimento curricular;
- Acompanhamento da funcionalidade e usabilidade dos recursos de tecnologia assistiva na sala de aula comum e demais ambientes escolares;

- Articulação com os professores das classes comuns, nas diferentes etapas e modalidades de ensino;
- Orientação aos professores do ensino regular e às famílias sobre os recursos utilizados pelo aluno;
- Interface com as áreas da saúde, assistência, trabalho e outras. (Brasil, 2010, p. 8-9)

Logo, para assumir alguma modalidade de atendimento da educação especial, é essencial que o professor tenha uma formação mínima voltada para essa especialidade a fim de que, em conjunto com os demais profissionais da escola, desenvolva um trabalho efetivo com os estudantes PAEE.

1.3 Plano de Trabalho Individualizado (PTI) no AEE

O plano de trabalho no atendimento especializado deve ser individual, ou seja, o professor deve formular um planejamento para cada estudante tendo em vista suas dificuldades, limitações e potencialidades. Utiliza-se também na literatura da área o termo *Plano de Ensino Individualizado* (PEI).

Ao receber uma avaliação de determinado estudante, muitas vezes o professor pode incorrer no erro de apenas ler a patologia, o diagnóstico ou a conclusão do especialista e, com base nessas informações, criar um estereótipo de como aquele aluno vai agir, responder ou compreender certo conteúdo. Todavia, é preciso respeitar as necessidades individuais de cada aluno, consciente de que o planejamento deve atender às necessidades individuais do estudante, e não às expectativas docentes.

Para ter um panorama mais completo, antes de elaborar o plano, deve-se fazer uma avaliação *do* aluno e *com* o aluno, realizando uma análise de suas necessidades para além dos testes formais. O objetivo é identificar as dificuldades, as potencialidades, as habilidades e, até mesmo, os conhecimentos prévios do estudante. Essa primeira avaliação servirá também para identificar os pontos que precisarão ser trabalhados academicamente.

No PTI/PEI, são expressos os objetivos de trabalho com o estudante e as metas, além das estratégias para alcançá-las e as formas de avaliação[3]. Esse documento deve ser revisto pelo professor periodicamente, pois muitas situações não previstas podem ocorrer. Ele pode ser elaborado bimestralmente, mas, segundo a literatura e as pesquisas científicas da área, o ideal seria mensalmente.

O PTI/PEI é, em suma, uma proposta de organização curricular que norteia a mediação pedagógica do professor e desenvolve os potenciais ainda não consolidados do aluno.

Contudo, para que o plano realmente seja consolidado, sugerimos que se cumpram cinco etapas imprescindíveis na construção do PTI/PEI:

1. **Conhecer o aluno**: Além de ler os laudos, relatórios e avaliações, é importante que o professor dialogue com seu aluno e construa um perfil com suas habilidades e necessidades. Saber de sua história, seus gostos, seus conhecimentos

---

[3] Ao final da obra, na seção Anexo, disponibilizamos um modelo de plano, o qual pode ser adaptado de acordo com as especificidades do aluno atendido.

já adquiridos e identificar o que ele precisa aprender é fundamental para a elaboração das metas.

2. **Estabelecer metas possíveis**: É recomendável estipular metas de curto e médio prazo que estimulem o estudante a continuar se esforçando. Não são adequadas as metas a longo prazo, tendo em vista que o plano individual deve ser revisto e reelaborado de 2 a 3 meses, no mínimo, ou seja, em uma rotina escolar bimestral ou trimestral.

3. **Elaborar um cronograma**: É o passo seguinte à elaboração das metas, pois deve estar claro quando cada uma delas será executada. É muito importante que as datas planejadas sejam cumpridas, pois a não realização das atividades pode deixar os estudantes pouco comprometidos com os objetivos.

4. **Planejar as estratégias**: Esse é um importante passo, o qual consiste na elaboração das atividades que ajudarão a atingir os objetivos e as metas propostos. Passeios, excursões, visitas a museus e demais locais educativos são muito bem-vindos, assim como parcerias com outros profissionais que podem contribuir no desenvolvimento de algum conceito que o professor do AEE não domine.

5. **Fazer a avaliação**: Esse não é o ponto final do plano, mas um ponto inicial para novas conquistas, considerando, agora, tudo o que o estudante já desenvolveu. Assim, é importante registrar os avanços dele por meio de materiais, relatos e demais atividades, com o fim de repensar o planejamento. Em outras palavras, a avaliação do aluno deve ter em vista a construção de um processo avaliativo significativo, de acordo com o progresso individual de cada criança. Assim, a avaliação se alinha aos objetivos alcançados e sua

produção durante toda a realização das atividades, não se limitando a um único teste de perguntas e respostas objetivas.

Fique atento!

As aulas e os atendimentos devem ser momentos de aprendizagem significativa e dinâmica! Sempre que possível devem ser evitadas as atividades enfadonhas e repetitivas.

1.4 Organização do atendimento

Quanto ao funcionamento prático e pedagógico do AEE, lembramos que este envolve as situações de ensino e aprendizagem e as metodologias usadas nas SRM, assim como na sala de aula regular e nos demais atendimentos que o estudante frequente. Ele deve ter como objetivo a promoção da aprendizagem do estudante e o desenvolvimento de sua autonomia.

Entretanto, em algumas cidades, o estudante pode contar, além do atendimento da sala de recursos, com outros serviços que promovam seu potencial, como atendimento psicológico, fonoaudiológico, terapêutico, entre outros. Considerando a tendência atual, que tem como foco a incrementação da classe comum, existe uma estrutura cada vez mais diversificada de apoios e serviços para atender a população dos estudantes PAEE. No entanto, na maioria dos casos, quando chega à escola com um diagnóstico de deficiência, transtornos globais do desenvolvimento ou altas habilidades/superdotação, o aluno é encaminhado para a SRM, sendo esse seu único apoio para além do ambiente regular de ensino.

Também é importante lembrar que nem todas as unidades de ensino contam com esse atendimento, sendo necessário encaminhar o aluno para uma escola polo ou para a mais próxima de sua residência onde se oferte tal serviço.

As escolas particulares também vêm se mobilizando para atender a essa demanda, com iniciativas de criação de salas de recursos. Nesse sentido, reiteramos que é proibido cobrar qualquer valor ou taxa adicional por oferecer um atendimento especializado em sala de recursos ou qualquer outro tipo de serviço para algum estudante PAEE. Afinal, estar incluído em sala de aula e receber atendimento nesses ambientes é um direito assegurado por lei.

No entanto, ter um direito garantido infelizmente não significa ter assegurado um trabalho eficiente. Para que o desenvolvimento do estudante se efetive, além de estar inserido na sala de recursos, o aluno precisa ser submetido a uma avaliação de suas necessidades. Com base nessa análise, procede-se à elaboração de um planejamento específico, com o objetivo de oferecer condições adequadas para que o estudante avance no desempenho escolar e realmente apresente melhoras significativas em seu processo de aprendizagem. De acordo com Omote (2004, p. 6):

> A mera inserção do aluno deficiente em classe comum não pode ser confundida com a inclusão. Na verdade, toda a escola precisa ter caráter inclusivo nas suas características e no funcionamento para que sejam matriculados alunos deficientes e sejam acolhidos. Uma escola que só busca arranjo especial determinado pela presença de algum aluno deficiente e na qual a adequação é feita para as necessidades particulares dele não pode ser considerada propriamente inclusiva.

Nesse sentido, para seu efetivo funcionamento, alguns pontos devem ser verificados, como: a organização do atendimento à diversidade de alunos; a relação entre o currículo da SRM e o currículo que está sendo trabalhado na sala comum que o aluno frequenta; os limites e as possibilidades do estudante no que concerne à disponibilidade de horários e de deslocamento.

Assim, é de grande relevância que, ao receber a listagem dos estudantes que frequentarão o atendimento, o professor solicite à equipe pedagógica todos os documentos que reportam a vida escolar do estudante, como laudos, avaliações, diagnósticos e possíveis relatórios de atendimentos anteriores. Lembramos que nem sempre essa documentação está atualizada, sendo necessário, em alguns casos, pedir à família uma nova avaliação, dependendo de como o estudante está nesse momento no que diz respeito à superação das dificuldades ou às limitações apontadas nesses documentos.

De todo modo, frisamos que é extremamente importante o professor convidar os pais ou responsáveis para uma conversa acerca das principais características do aluno; o docente deve perguntar a eles o que consideram como as maiores dificuldades da criança, mas também deve pedir que exponham os talentos e as qualidades do estudante, pois é buscando ressaltar as potencialidades e superar as dificuldades que o professor do atendimento especializado conseguirá construir um trabalho efetivo com seu alunado.

É favorável que o professor do atendimento mantenha um diálogo aberto com os demais docentes da escola. É interessante que se inteire sobre o que já foi realizado no sentido de auxiliar o estudante a superar suas dificuldades ou, pelo menos, demonstrar seu aprendizado por meio de provas adaptadas, materiais diversificados ou planos individuais. Essa conversa é imprescindível, pois o bom encaminhamento e desenvolvimento escolar do estudante incluso não é responsabilidade exclusiva do professor do atendimento especializado, mas de toda a escola em que ele está inserido, o que inclui todo o grupo de professores, a equipe pedagógica e a gestão escolar.

Uma conversa individual com o aluno também é fundamental para que se sinta seguro e bem-acolhido pelo professor de atendimento. Nesse contato, deve ficar claro que esse profissional tem o desejo de ajudá-lo a superar suas dificuldades, e não de cobrá-lo ou julgá-lo por causa delas.

Depois de colhidas todas essas informações, o professor já pode pensar na periodicidade dos atendimentos, bem como na divisão de seus grupos. Como cada região tem sua organização de hora-atividade, permanência ou momento de planejamento, os dias de atendimento devem estar de acordo com as horas de trabalho efetivo com os estudantes. Dependendo do nível de dificuldade de cada aluno, o professor pode dividi-los por necessidades, por idade ou, ainda, por suas disponibilidades para se deslocarem até o local de atendimento. Alunos com muita dificuldade de concentração tendem a dispensar quando em grupos com muitas pessoas; nesse caso, é aconselhável avaliar a possibilidade de oferecer alguns horários de atendimento individual.

Em geral, os estudantes acabam frequentando o atendimento de 2 a 3 vezes por semana por períodos de duas horas, mas, dependendo do número de estudantes que o professor atende e da necessidade de cada um, essa frequência pode ser maior ou menor.

1.5 Quem tem direito ao AEE

De acordo com a legislação atual, os alunos que têm direito ao AEE são aqueles considerados PAEE, a saber, os estudantes com deficiência, transtornos globais do desenvolvimento, altas habilidades ou superdotação (Brasil, 2013b).

As Diretrizes Operacionais para o Atendimento Educacional Especializado na Educação Básica, modalidade Educação Especial, instituídas pela Resolução CNE/CEB n. 4, de 2 de outubro de 2009, define esse público da seguinte forma:

I- Alunos com deficiência: aqueles que têm impedimentos de longo prazo de natureza física, intelectual, mental ou sensorial.

II- Alunos com transtornos globais do desenvolvimento: aqueles que apresentam um quadro de alterações no desenvolvimento neuropsicomotor, comprometimento nas relações sociais, na comunicação ou estereotipias motoras. Incluem-se nessa definição alunos com autismo clássico, síndrome de Asperger, síndrome de Rett, transtorno desintegrativo da infância (psicoses) e transtornos invasivos sem outra especificação.

III-Alunos com altas habilidades/superdotação: aqueles que apresentam um potencial elevado e grande envolvimento com as áreas do conhecimento humano, isoladas ou combinadas: intelectual, acadêmica, liderança, psicomotora, artes e criatividade. (Brasil, 2009a)

A avaliação que especifica esse público apresenta duas finalidades: (1) identificar o ensino e (2) repensá-lo. A avaliação para a identificação visa determinar se um aluno tem ou não alguma deficiência, transtorno global do desenvolvimento, altas habilidades ou superdotação para, depois, definir sua potencial elegibilidade para participação nos serviços de AEE (Veltrone, 2011).

Para que as escolas tenham um diagnóstico especializado do aluno, geralmente são realizadas parcerias com redes de saúde nas prefeituras ou com instituições particulares. No entanto, muitas vezes perante a morosidade para o retorno de um diagnóstico, o qual conta com um número diminuto de profissionais para uma extensa fila de espera, a escola toma a iniciativa de atender o aluno na SRM mesmo sem ter um diagnóstico concluído (Brasil, 2007c).

Em alguns casos, a avaliação é realizada pelo professor da SRM. Com isso, não há padronização nos procedimentos e nos critérios da avaliação, o que favorece a arbitrariedade e a subjetividade no processo de decidir se o aluno é ou não PAEE (Milanesi, 2012). Deve estar claro, porém, que a avaliação deve possibilitar a identificação de tal condição, de modo a servir para reconhecer as habilidades e limitações do aluno. Com base nisso, podem ser replanejadas algumas estratégias de ensino com o objetivo de investir nas demandas necessárias para a melhor assistência deste em atendimentos específicos; em acréscimo, essas informações podem apontar a necessidade de adaptações curriculares na sala de aula regular (Veltrone, 2011; Pasian; Veltrone; Caetano, 2012).

De maneira geral, a avaliação dos alunos PAEE deve ser realizada por profissionais especializados na área para que possam, de maneira responsável e precisa, observar por meio de testagens formais e demais estratégias psicopedagógicas as dificuldades e potencialidades dos estudantes. Também é importante a participação dos pais nesse processo para a realização da anamnese[4], que apresenta dados muito relevantes sobre o desenvolvimento da criança, além da participação da escola, que pode apontar as dificuldades e potencialidades acadêmicas.

Todavia, nem sempre esse processo minucioso e investigativo é possível. Assim, os critérios que estão sendo utilizados para avaliar e identificar o PAEE devem ser adequados à realidade de cada região. De todo modo, acreditamos que, independente da avaliação ou da forma como o estudante chegou até o atendimento, um bom planejamento, com estratégias claras e objetivos concisos para ajudá-lo a superar suas dificuldades, pode contribuir muito para seu desenvolvimento, independentemente de sua identificação.

Síntese

Neste capítulo, abordamos os aspectos legais e pedagógicos do AEE que deve ser ofertado aos estudantes PAEE.

Verificamos que a legislação assegura o direito ao acesso dos estudantes PAEE nas salas de aula do ensino regular e nas salas de recursos para que possam frequentar o AEE, razão por que nenhuma escola pública ou particular pode cobrar algo a mais por isso.

[4] *Anamnese* é o nome que se dá à entrevista inicial em um atendimento psicoeducacional para realizar a avaliação de um estudante. Nela são solicitadas informações sobre a concepção e o nascimento da criança, seus primeiros anos de vida, a inserção no ambiente escolar, entre outras informações que ajudam o avaliador a compreender um pouco mais sobre o processo de desenvolvimento e aprendizagem do aluno.

Também identificamos alguns aspectos sobre a formação do profissional que atua nesse atendimento. Explicamos como este pode auxiliar os professores do ensino regular e demais profissionais da escola a realizarem adaptações simples a fim de melhorar o acesso, a permanência e o sucesso do estudante incluso.

Acerca do trabalho efetivo desse profissional e do funcionamento das salas de recursos, salientamos a importância de o professor conhecer seus estudantes e identificar suas fragilidades e potencialidades para organizar seu cronograma de atendimento de acordo com as especificidades de cada estudante. Ainda sugerimos um modelo de PTI/PEI que pode ser utilizado na elaboração de planejamentos individuais dos estudantes.

Indicações culturais

AMY: uma vida pelas crianças. Direção: Vincent McEveety. EUA, 1982. 100 min.

> Esse filme apresenta a história de Amy, uma mulher que transformou sua personalidade e passou a ser muito infeliz após a morte de seu filho. Ela, então, deixa o marido para se tornar professora em uma escola para crianças deficientes, com um novo ímpeto de vida. É por meio das descobertas dessa adorável personagem, que descobre uma nova razão para viver, que o enredo emociona os espectadores. Amy, agora com sua nova prioridade, passa a ensinar crianças surdas a falar, ao mesmo tempo em que elas lhe ensinam o verdadeiro sentido do amor para essa mãe que perdera seu filho.

CORDAS. Direção: Pedro Solís García. Espanha, 2014. 10 min.

O curta de animação *Cordas* apresenta, de forma doce e emocionante, a amizade entre Maria, uma garotinha muito especial, e Nicolás, seu novo colega de classe, que sofre de paralisia cerebral. A pequena, vendo algumas das impossibilidades do amigo, não desiste e faz de tudo para que ele se divirta e consiga brincar. Reconfigurando e recriando jogos e atividades, Maria celebra a vida do colega, aprende enquanto ensina e, assim, emociona a todos – inclusive os espectadores –, com as possibilidades do sonho e de uma amizade verdadeira. Ao final, uma surpresa especial, que lembra a todos da importância do educar e da relação que se estabelece no processo de ensino-aprendizagem.

SEMPRE amigos. Direção: Peter Chelsom. EUA, 1998. 108 min.

A amizade e as dificuldades enfrentadas por dois garotos são os temas centrais desse filme. Nele é narrada a história de Kevin, um garoto extremamente inteligente que sofre de uma doença degenerativa e, por conta disso, acaba ficando isolado do convívio social, restrito às vivências que sua imaginação lhe proporciona. O segundo protagonista é Max, um gigante de 13 anos que apresenta um desempenho muito abaixo do esperado para sua idade na escola e, por esse motivo, é discriminado pelos colegas. Quando essas duas personalidades tão diferentes se encontram, nasce uma genuína amizade e, com ela, uma relação de inteligência e cumplicidade que dá forças para juntos lutarem contra as injustiças.

Atividades de autoavaliação

1. Atendimento educacional especializado (AEE) é o nome do serviço prestado em contraturno a estudantes público-alvo da educação especial (PAEE). Sobre o AEE, é correto afirmar que:
   a) as salas de recursos multifuncionais (SRM) não têm vínculo com o serviço de AEE.
   b) é destinado a estudantes com deficiência, transtornos globais do desenvolvimento e altas habilidades ou superdotação matriculados na rede regular de ensino.
   c) a frequência na sala de recursos exime o estudante de participar do ensino regular. Ele não precisa estar efetivamente matriculado na sala de aula comum para frequentar o atendimento especializado.
   d) assegura condições de acesso, participação e aprendizagem no ensino regular, sendo uma maneira de auxiliar o estudante em suas dificuldades que não podem ser sanadas na sala comum, de forma substitutiva à escolarização.
   e) o estudante superdotado deve frequentar esse atendimento para sanar suas dúvidas que não foram esclarecidas em sala.

2. Sobre a formação do professor do AEE, é **incorreto** afirmar que:
   a) obrigatoriamente tem de ter licenciatura específica em Educação Especial.
   b) os professores que escolhem atuar nessa modalidade de ensino costumam cursar uma especialização em Educação Especial.

c) os cursos de especialização não são suficientes para cobrir todas as demandas necessárias.

d) os professores devem cursar licenciatura em Educação Especial ou em outra área, devendo complementar os estudos e/ou realizar pós-graduação em áreas específicas da educação especial.

e) uma licenciatura em qualquer área é suficiente para o início do trabalho, considerando que depois o profissional poderá realizar formação continuada.

3. O Plano de Trabalho Individualizado (PTI), ou Plano de Ensino Individualizado (PEI), é uma proposta de organização curricular que norteia a mediação pedagógica do professor, assim como desenvolve os potenciais ainda não consolidados do aluno. Sobre as etapas da construção do PTI/PEI, assinale V para verdadeiro ou F para falso:

( ) Conhecer o aluno é muito importante. Logo, além de ler os laudos, relatórios e avaliações, o professor tem de dialogar com o estudante e construir um perfil com suas habilidades e necessidades.

( ) Estabelecer metas possíveis envolve definir metas de curto e médio prazos que estimulem o estudante a continuar se esforçando.

( ) A elaboração do cronograma é o passo seguinte à elaboração das metas, pois é necessário definir quando cada uma delas será executada. É fundamental que as datas planejadas sejam cumpridas, pois a não realização das atividades pode deixar os estudantes pouco comprometidos com os objetivos.

( ) Planejar as estratégias é relevante, pois consiste na elaboração das atividades que ajudarão a atingir os objetivos e as metas propostos.

( ) A avaliação pode ser considerada o ponto final do plano. Assim, devem-se registrar os avanços do estudante por meio de materiais, relatos e demais atividades para se repensar o planejamento.

Agora, assinale a alternativa que apresenta a sequência correta de preenchimento dos parênteses, de cima para baixo:

a) V, V, V, F, F.
b) F, F, F, F, F.
c) V, V, V, V, F.
d) V, V, V, V, V.
e) V, V, F, F, V.

4. Quanto ao funcionamento prático e pedagógico do AEE, assinale a afirmativa correta:
   a) Assim como na sala de aula regular e nos demais atendimentos que o estudante frequenta, o AEE deve ser uma opção dos estados e municípios.
   b) Todas as escolas contam com o AEE.
   c) Apenas as escolas públicas vêm se mobilizando para atender a essa demanda com iniciativas de criação de salas de recursos.

d) Em algumas cidades, o estudante pode contar, além do atendimento da sala de recursos, com outros serviços de promoção de seu potencial, como atendimento psicológico, fonoaudiológico, terapêutico, entre outros.
e) As escolas particulares podem cobrar a mais por esse serviço extra.

5. De acordo com a legislação atual, os alunos que têm direito ao AEE são:
   a) apenas estudantes com transtornos globais do desenvolvimento.
   b) apenas estudantes com deficiência.
   c) apenas estudantes com altas habilidades ou superdotação.
   d) estudantes matriculados no ensino regular, sem exceção.
   e) estudantes considerados público-alvo da educação especial (PAEE).

Atividades de aprendizagem

Questões para reflexão

1. Em sua época escolar, você se recorda de haver em sua escola AEE, sala de recursos, professor de apoio e plano de trabalho individualizado, entre outros modelos de atendimentos citados neste capítulo? Lembra-se de ter em sua sala alunos inclusos?

2. Visite uma escola que ofereça o AEE e converse com a professora da sala de recursos fazendo os seguintes questionamentos:

- Qual é a sua formação?
- Qual é o número de estudantes que atende?
- Quais são os principais diagnósticos desses estudantes?
- Como você organiza os grupos de atendimento e qual a frequência dos alunos?
- Há diálogo com os professores da sala de aula regular?
- Como você elabora seus PTI/PEI?
- Você conhece outros atendimentos frequentados por seus estudantes?

Depois, construa um texto destacando o que você considera mais interessante nesta conversa a respeito dos aspectos positivos e dos desafios do trabalho com atendimento especializado nas salas de recursos.

Atividade aplicada: prática

1. Leia o artigo indicado a seguir:

    CORRÊA, D. A.; ALMEIDA, J. F. S.; NASCIMENTO, M. B. da C. Atendimento educacional especializado e sala de recursos multifuncionais: sinônimo de inclusão escolar. In: ENFOPE, 10.; FOPIE, 11., 2017, Aracaju. **Anais...** Disponível em: <https://eventos.set.edu.br/index.php/enfope/article/viewFile/5386/1860>. Acesso em: 29 dez. 2020.

    Depois, responda à seguinte questão:

    De que forma os professores das salas de recursos podem se conectar aos professores do ensino regular para, juntos, promoverem o desenvolvimento acadêmico dos estudantes PAEE?

Capítulo 2
Modalidades de atendimento na educação especial

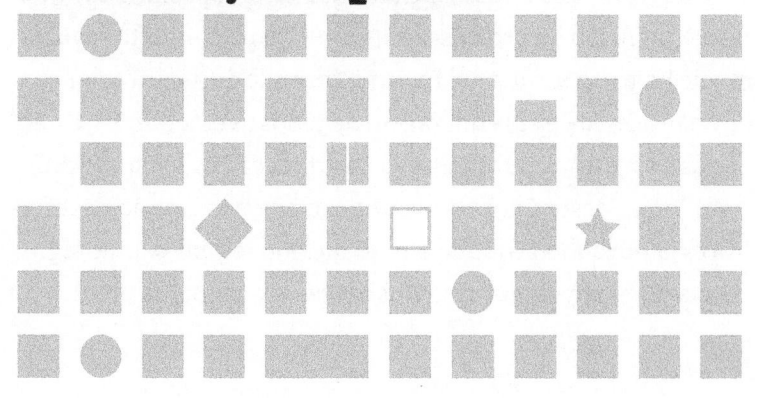

Neste capítulo, apresentaremos as modalidades de atendimento oferecidos na educação especial. Identificaremos as diferenças entre as salas de recursos do tipo I e do tipo II, suas diferentes estratégias de atendimento e os recursos oferecidos para os estudantes em suas diversas especificidades.

Trataremos dos papéis do professor intérprete de Libras/língua portuguesa, do professor de apoio à comunicação alternativa (PAC) e do professor de apoio educacional especializado (PAEE), os quais dão suporte à inclusão nas salas de aula realizando as adaptações necessárias e contribuindo para a promoção da aprendizagem dos estudantes. Também trataremos do papel dos auxiliares que apoiam a inclusão com suas atividades voltadas ao apoio à alimentação, à higiene e ao deslocamento.

Explicaremos o que são os centros de apoio visual e auditivo, que realizam um trabalho específico com profissionais especializados nas deficiências visual e auditiva, promovendo a reabilitação do sujeito e a adaptação de materiais e recursos. O objetivo desse atendimento é facilitar o processo escolar e social da pessoa com deficiência.

Apresentaremos ainda a proposta de coensino, ou corregência, uma nova modalidade de atendimento especializado que prevê a inclusão do professor especialista no contexto regular em que haja um estudante incluso, fazendo deste um colaborador no processo de aprendizagem de todos os estudantes, e não apenas dos alunos público-alvo da educação especial (PAEE).

Ao longo deste Capítulo, demonstraremos o quão desafiadora essa nova modalidade é, e, ao mesmo tempo, o quão significativa ela pode ser na vida dos discentes de forma geral.

Também comentaremos o trabalho das escolas especiais, dos professores itinerantes e dos profissionais do Serviço de Atendimento à Rede de Escolarização Hospitalar (Sareh), que, conforme suas especificidades, auxiliam os estudantes que não podem estar inseridos na sala de aula regular.

2.1 Salas de recursos tipo I e tipo II

Apesar de vigerem atualmente muitas leis que asseguram os direitos das pessoas com algum tipo de deficiência, a inclusão em si ainda é um movimento novo nas escolas brasileiras. Não é raro professores formados há mais tempo reclamarem, entre os colegas docentes, que não foram formados para isso, que não sabem lidar com essas diferenças ou, ainda, que não sabem trabalhar com "gente especial".

Tais afirmações, além de extremamente grosseiras, são ultrapassadas e demonstram uma imensa contradição vindo de um grupo que trabalha com o conhecimento e que, consequentemente, deveria estar o tempo todo se atualizando e adquirindo novos aprendizados.

> É por isso que você, leitor, é um profissional privilegiado! Privilegiado por sua escolha em ler e estudar, por sua iniciativa e por sua intensa busca por conhecimento. Nesse momento, você é alguém que se destaca dos demais por buscar a mudança por meio do conhecimento, tornando-se um profissional da educação muito *especial*, da forma mais intensa e bonita que essa palavra possa ter.

De acordo com Aranha (2005, p. 5, grifo do original),

a história da atenção à pessoa com **necessidades educacionais especiais** tem se caracterizado pela **segregação, acompanhada pela consequente e gradativa exclusão**, sob diferentes argumentos, dependendo do momento histórico focalizado. No decorrer da História da Humanidade **foram se diversificando a visão e a compreensão que as diferentes sociedades tinham acerca da deficiência**. **A forma de pensar e por consequência a forma de agir com relação à deficiência** enquanto fenômeno e à pessoa com necessidades educacionais especiais enquanto ser **modificaram-se no decorrer do tempo e das condições sócio-históricas**.

Assim, os atendimentos diferenciados foram surgindo com o objetivo de proporcionar um melhor aproveitamento do processo de aprendizagem, havendo diferentes modalidades de atendimento. O primeiro que aqui comentaremos são os atendimentos realizados dentro das salas de recursos do tipo I e do tipo II.

O que diferencia a sala de recursos do tipo I para a do tipo II é, necessariamente, o público que será atendido e, consequentemente, os recursos e mobiliários disponíveis, bem como a especialização do professor. De forma geral, na sala do tipo II são realizados trabalhos específicos com alunos com cegueira ou baixa visão, ou, ainda, com alunos surdos, sendo necessário, nesse último caso, além do professor especialista para esse trabalho, o intérprete em Língua Brasileira de Sinais (Libras). Assim, essa sala (tipo II) recebe os equipamentos necessários para se trabalhar com essa clientela. A sala frequentada pelos demais estudantes PAEE recebe os equipamentos para salas tipo I.

Os itens que compõem a sala tipo I são: 2 microcomputadores com gravador de CD; leitor de DVD; 2 estabilizadores; lupa eletrônica; *scanner*; impressora a *laser*; teclado com colmeia; *mouse* com entrada para acionador; acionador de pressão; bandinha rítmica; dominó; material dourado; esquema corporal; memória de numerais; tapete quebra-cabeça; *software* para comunicação alternativa; sacolão criativo; quebra-cabeças sobrepostos (sequência lógica); dominó de animais em língua de sinais; memória de antônimos em língua de sinais; lupa manual, lupa conta-fio dobrável e lupa de régua; dominó com textura; plano inclinado; estante para leitura; mesa redonda; cadeiras para computador; cadeiras para mesa redonda; armário de aço; mesa para computador; mesa para impressora; e quadro melamínico (Brasil, 2013a).

A sala tipo II é composta pelos mesmos materiais que a tipo I, acrescentando-se os seguintes itens: impressora braile; máquina braile; reglete de mesa; punção; Soroban; guia de assinatura; globo terrestre adaptado; *kit* de desenho geométrico adaptado; calculadora sonora; e *software* para produção de desenhos gráficos e táteis (Brasil, 2013a).

De maneira bastante resumida, o foco tanto de uma modalidade quanto de outra é realizar um serviço de apoio especializado de natureza pedagógica, com o objetivo de complementar o atendimento educacional realizado nas classes comuns, voltado para o atendimento de alunos regularmente matriculados na escola em que a sala de recursos está inserida ou, ainda, aberto aos demais estudantes da região onde não há essa modalidade de atendimento. O que as diferencia é a especialidade do atendimento, ou seja, a depender de suas necessidades específicas, o estudante será encaminhado para uma ou para outra modalidade.

Os estudantes com altas habilidades ou superdotação se enquadram na sala de tipo I, específica para essa modalidade. A sala recebe os mesmos materiais citados para a sala tipo II; o que especifica o atendimento a esse público é a forma como o professor conduz os encontros voltados para as habilidades e os interesses dos alunos, por meio de projetos e pesquisas diferenciadas.

Assim, nesse tipo de atendimento, o professor tem de estar ciente de que, no caso desses alunos, por geralmente aprenderem mais rápido que os colegas e por terem áreas de interesse específicas, nem sempre voltados para os conteúdos do ensino regular, o professor precisa ser bastante dinâmico e criativo para que suas intervenções sejam realmente atraentes.

Sugerimos, para tanto, parcerias com universidades e demais instituições locais voltadas para o desenvolvimento de pesquisas, com o objetivo de proporcionar novas aprendizagens ou o aprofundamento de algum tema em que os alunos tenham interesse. Participações em concursos nacionais e internacionais, como a Olimpíada Brasileira de Astronomia (OBA), a Olimpíada Brasileira de Matemática das Escolas Públicas (OBMEP), entre outros, são muito estimulantes para os alunos que têm habilidades superiores nessas áreas.

Passeios, visitas a campo e atividades de pesquisa e exploração em diferentes ambientes também são ótimos momentos para desenvolver o gosto pela pesquisa e incentivar esse público a aprimorar seus conhecimentos, ao mesmo tempo em que socializam e se divertem com seus pares.

2.2 Professor de apoio à comunicação alternativa/intérprete

Professor de apoio à comunicação alternativa (PAC) é um profissional de apoio especializado que atua no contexto da sala de aula. Isso significa que ele acompanha as aulas regulares em que o estudante está inserido nos estabelecimentos de ensino fundamental, ensino médio e educação de jovens e adultos (EJA), para realizar o apoio e o atendimento necessários aos alunos com deficiência física/neuromotora acentuada, com limitação na fala ou na escrita.

Cabe a esse profissional, juntamente com cada um dos professores regentes, repensar o planejamento e as estratégias utilizadas em sala de aula para promover a aprendizagem do estudante, favorecendo o desenvolvimento de sua autonomia, concomitantemente apoiando-o e amenizando suas dificuldades.

Dependendo do nível de limitação do estudante, pode ser considerada a possibilidade de utilização de pranchas de comunicação ou outros meios de comunicação alternativa.

O tradutor e intérprete de Libras/língua portuguesa (TILS) é o profissional bilíngue, ou seja, que domina com excelência essas duas línguas e que oferece suporte pedagógico à escolarização de alunos surdos matriculados na educação básica da rede regular de ensino, por meio da mediação linguística entre aluno(s) surdo(s) e demais membros da comunidade escolar. Sua função é assegurar o desenvolvimento da proposta de educação bilíngue – Libras/língua portuguesa (Brasil, 2002a).

A legislação que normatiza a profissão do intérprete de Libras por meio do Ministério da Educação (MEC) e da

Secretaria de Educação Especial (Seesp) é a Lei n. 10.436, de 24 de abril de 2002 (Brasil, 2002a).

Na maioria das vezes, o PAC é um professor com formação em licenciatura que se especializa também nessa segunda formação para atender os alunos surdos de determinada instituição de ensino.

O trabalho desse profissional também é efetuado dentro da sala, acompanhando as aulas, interpretando e auxiliando o estudante na compreensão dos conteúdos e na realização de suas atividades, promovendo o desenvolvimento escolar deste. Em geral, esse professor atende a um aluno em especial em sua sala de aula; no entanto, se houver mais de um estudante surdo de mesma série ou ano escolar ele pode atender a ambos no mesmo ambiente.

Também é importante que este profissional acompanhe o estudante em reuniões, feiras e eventos que a escola oferecer, para que este não se sinta perdido em meio a tantas informações. Quando o estudante precisar conversar com um professor, alguém da equipe pedagógica, da direção ou outro membro da comunidade escolar, o intérprete atua como um facilitador dessa comunicação.

2.3 Auxiliar operacional

O auxiliar operacional é um profissional que exerce suas funções no espaço escolar, mas geralmente fora da sala de aula. De acordo com Gadens e Godoy (2014, p. 8),

> é um profissional cujas funções compreendem o apoio à locomoção, higiene, alimentação de alunos e professores com

mobilidade reduzida, devido ao uso de cadeira de rodas, ou auxiliares de locomoção, que inviabilizam a marcha independente, e daqueles que dependem de outros para se alimentarem e realizarem sua higiene pessoal.

Figura 2.1 – Trabalho conjunto

Em alguns estados, há normativas específicas sobre o trabalho desse profissional, uma vez que ele se enquadra na mesma categoria dos demais serviços operacionais da escola como agentes de limpeza, produção da merenda e demais ações relacionadas ao funcionamento geral da escola. Assim, de acordo com o que a legislação local prevê e, é claro, do que a gestão escolar compreende sobre suas funções, esse profissional muitas vezes é remanejado para outros serviços, tendo em vista que, diferentemente do PAC, ele não é exclusivo para um único aluno, podendo atender a mais estudantes ou mesmo a necessidades gerais da escola.

2.4 CAEDV/Caes/Sareh/Coensino

O Centro de Atendimento Educacional Especializado na Área da Deficiência Visual (CAEDV) é um atendimento voltado a alunos cegos, de baixa visão ou outros acometimentos visuais (ambliopia funcional, distúrbios de alta refração e doenças progressivas). Trata-se de um serviço oferecido em estabelecimentos do ensino regular da educação básica, das redes estadual, municipal e particular de ensino, com atendimentos organizados no turno inverso da escolarização, não sendo substitutivo às classes comuns (Gadens; Godoy, 2014). Dito de outro modo, esse é mais um atendimento especializado ao qual o estudante da educação especial tem direito, desde que esteja regularmente matriculado na rede regular de ensino e o frequente no contraturno.

Como consiste em um atendimento específico, nem todas as escolas contam com esse centro, podendo ser realizado também em instituições comunitárias ou filantrópicas sem fins lucrativos, conveniadas com a Secretaria de Educação ou órgão equivalente que atenda a essa demanda específica de determinada região. Assim, é importante que os estados e municípios se organizem para auxiliar no deslocamento dos estudantes até os centros de atendimento.

Já o Centro de Atendimento Especializado na Área da Surdez (Caes) atende a alunos surdos ou com deficiência auditiva. Trata-se de um atendimento voltado às especificidades do estudante e que tem por objetivo promover o melhor acompanhamento das aulas do ensino regular. Assim como o CAEDV, é um apoio que o estudante frequenta no contraturno, sendo necessário estar regularmente matriculado na rede regular de ensino (Gadens; Godoy, 2014).

Reiteramos que esta é uma modalidade de atendimento muito específica e, por essa razão, não disponível em todas as escolas. Logo, é importante que os alunos que precisam se deslocar até esse atendimento – que às vezes acontece em mais de uma cidade – tenham o apoio ou os recursos necessários para se deslocar até o local.

O Sareh, por sua vez, objetiva o atendimento educacional de educandos que se encontram impossibilitados de frequentar a escola em virtude de internamento hospitalar ou tratamento de saúde. Esse serviço permite a continuidade do processo de escolarização, a inserção e a reinserção no ambiente escolar (Gadens; Godoy, 2014).

Geralmente, essa é uma modalidade de apoio temporária, considerando-se que o estudante passará um período de sua vida escolar necessitando de atendimento médico. Assim, é recomendável que os professores dessa modalidade estejam em contato com os professores do ensino regular, pois é necessário que estes enviem os conteúdos e as avaliações que estão sendo aplicadas para que o professor do Sareh auxilie o aluno na compreensão do conteúdo.

Contudo, não se devem ignorar as fragilidades às quais estão sujeitas as pessoas em situação de internamento e as condições de realização dessa mediação. É imprescindível que se respeite o momento do aluno, sua condição física e psicológica, pois, se ele teve um dia muito intenso, com diversos exames, medicações ou complicações em sua saúde, dificilmente estará disposto a se concentrar e entender um conteúdo sistematizado.

Daí a importância de os profissionais que atuam nessa modalidade estarem preparados para lidar com situações adversas. Esse profissional precisa ter a sensibilidade para identificar a melhor abordagem e entender quando e como trabalhar com esses estudantes. Infelizmente, não há um método ideal ou uma fórmula de como realizar esse serviço, mas sabemos que sensibilidade, compreensão e um bom diálogo sempre contribuem positivamente.

Outro ponto bastante delicado e relevante é que, ao mesmo tempo em que se espera que esse atendimento ocorra por um curto período, há situações em que o estudante precisa ficar internado por vários anos. Assim, a equipe que acompanha esses estudantes precisa estar atenta a datas estaduais e nacionais para aplicação de provas, olimpíadas e demais testes de que o estudante queira participar, como o Exame Nacional do Ensino Médio (Enem) ou vestibular em universidades que ofereçam a modalidade a distância.

Lembramos que, infelizmente, a perda de um estudante nessa modalidade de ensino é uma possibilidade. Ainda assim, mesmo que muito sensibilizados pelas condições do aluno, o professor tem de se dedicar ao máximo enquanto for responsável por seu processo acadêmico de aprendizagem.

A proposta de Coensino, ou ensino colaborativo, por fim, é uma iniciativa relativamente nova no Brasil. Trata-se, basicamente, de uma parceria entre os profissionais especializados da SRM e os professores das salas de aula regular. Nessa modalidade, o trabalho pedagógico é desenvolvido em uma perspectiva colaborativa, visando implementar estratégias de intervenções e de atuação pedagógica que permitam a todos os alunos, e não apenas aos alunos PAEE, a facilitação do acesso aos conteúdos pedagógicos. De acordo com Mendes, Almeida e Toyoda (2001, p. 85):

> O ensino colaborativo ou coensino é um modelo de prestação de serviço de educação especial no qual um educador comum e um educador especial dividem a responsabilidade de planejar, instruir e avaliar a instrução de um grupo heterogêneo de estudantes. Ele emergiu como uma alternativa aos modelos de sala de recursos, classes especiais ou escolas especiais, como um modo de apoiar a escolarização de estudantes com necessidades educacionais especiais em classes comuns. Assim, ao invés dos alunos com necessidades educacionais especiais irem para classes especiais ou de recursos, é o professor especializado que vai até a classe comum na qual o aluno está inserido colaborar com o professor do ensino regular.

Apesar de ser uma iniciativa ainda em construção em nosso país, há o amparo legal para a proposta de trabalho em coensino, porém, "parece não ter sido dada ainda a importância merecida a esta filosofia de trabalho" (Rabelo, 2012, p. 52).

Em outros países, onde a proposta já é desenvolvida há mais tempo, muitas pesquisas apontam que esse serviço de apoio à escolarização dos alunos regulares e dos alunos PAEE pode ser promissor e muito efetivo no processo de aprendizado dos alunos, uma vez que o olhar dos professores se volta a todos os discentes, e não apenas aos estudantes PAEE.

A proposta de ensino colaborativo, segundo Conderman, Bresnahan e Pedersen (2009) chamou atenção para questões relacionadas:

- ao tempo de planejamento conjunto entre o professor de educação especial e o professor de classe comum;
- aos conteúdos que devem ser incluídos no currículo;
- às adaptações curriculares;
- à distribuição de tarefas e responsabilidades;
- às formas de avaliação;
- às experiências em sala de aula;
- aos procedimentos para organização da sala;
- à comunicação com alunos, pais e administradores;
- ao acompanhamento do progresso de aprendizagem dos alunos;
- às metas para o planejamento educacional individualizado dos alunos.

Nesse sentido, destacamos que a proposta de trabalho nessa modalidade implica a redefinição de papéis dos professores do ensino regular e do ensino especial. Configura-se como apoio centrado na classe comum, e não somente em serviços destinados ao aluno incluso, ofertados no AEE extraclasse e no período inverso de sua escolarização, que complementem ou suplementem seus estudos. Dito de outro modo, o professor da educação especial passa a trabalhar com os demais professores do ensino regular pensando, revendo e realizando as adaptações necessárias não apenas para o estudante da educação especial, mas para toda a turma, tornando-se corresponsável pela aprendizagem de todos.

Figura 2.2 – Intérprete

fizkes/Shutterstock

Os pesquisadores Vaughn, Schumm e Arguelles (1997, p. 98, tradução nossa) apontam cinco diferentes propostas básicas de coensino:

1. Um professor e um assistente: os dois professores atuam na mesma sala de aula, mas apenas um conduz as instruções a serem fornecidas. O outro professor observa e caminha pela sala monitorando e auxiliando os alunos individualmente.
2. Estações de ensino: os professores dividem o conteúdo a ser fornecido aos alunos sendo que cada professor é responsável pelo ensino de uma parte ou de pequenos grupos de estudantes. Dessa forma, os estudantes se locomovem de uma estação de ensino para outra.
3. Ensino paralelo: os professores planejam juntos os conteúdos a serem trabalhados, mas eles dividem a classe e fornecem, para pequenos grupos, o mesmo conteúdo, dentro da mesma sala de aula.

4. Ensino alternativo: um professor trabalha com um pequeno grupo de alunos para reforçar o que foi ensinado, ensinar previamente ou suplementar as instruções recebidas pela classe.
5. Time de ensino ou equipe de ensino: os dois professores fornecem instruções para todos os alunos ao mesmo tempo. As propostas de trabalho em coensino mostram que há mais de uma forma de se trabalhar em parceria, e conforme os professores se familiarizam com essa filosofia de trabalho, avançam nos estágios de colaboração e aprimoram suas estratégias de ensino e habilidades. Para que estas possibilidades de trabalho alternativas aos modelos já conhecidos de ensino tornem-se presentes nas escolas, é preciso o suporte da administração para favorecer espaços de reflexão do trabalho e planejamento de novas propostas de trabalho que auxiliem o processo de escolarização dos alunos PAEE.

Em suma, a proposta de coensino é um novo desafio dentro da modalidade de atendimento especializado para os alunos da educação especial. A realização de um trabalho baseado na colaboração entre professor de educação especial e professores do ensino regular pode contribuir para uma escolarização de qualidade, que abranja a todos os discentes. Isso porque tem o potencial de auxiliar na aprendizagem não apenas dos alunos inclusos, mas de todos aqueles que não apresentam um laudo ou diagnóstico, porém timidamente demonstram dificuldades para compreender os conteúdos propostos.

No entanto, para que esse trabalho seja realmente eficiente, ainda há alguns obstáculos a serem superados. Para Wood (1998, p. 43), "no trabalho em colaboração, professores ora podem ser receptivos ora podem demonstrar resistências, pois o trabalho de forma colaborativa exige habilidades interpessoais de grupo, que podem levar tempo a serem construídas, como confiança, comunicação, resolução de problemas e conflitos".

Assim, todos os profissionais precisam estar envolvidos e dispostos a trabalhar em conjunto com foco em um único objetivo: o sucesso na aprendizagem de todos os estudantes.

Logo, para que as iniciativas de ensino colaborativo realmente se concretizem nas escolas, será preciso, inicialmente, que os professores em geral aprendam a lidar com as próprias reservas e limitações, a conviver respeitando e compreendendo a ideia do outro para que, juntos, construam uma educação com maior qualidade para todos os estudantes. Nesse ponto, vale citar a reflexão de Nunes, Saia e Tavares (2015, p. 1117): "quando não conseguimos lidar com as diferenças que nos rodeiam perdemos uma oportunidade de caminhar na nossa própria evolução".

2.5 Escola especial e professor itinerante

Na definição da Política Nacional de Educação Especial, a escola especial é toda

> instituição especializada, destinada a prestar atendimento psicopedagógico a educandos portadores de deficiências e de condutas típicas, onde são desenvolvidos e utilizados, por

profissionais qualificados, currículos adaptados, programas e procedimentos metodológicos diferenciados, apoiados em equipamentos e materiais didáticos específicos. (Brasil, 1994, p. 20)

Figura 2.3 – Escola especial

Olesia Bilkei/Shutterstock

Geralmente, os alunos que frequentam as escolas especiais requerem atenção individualizada nas atividades da vida autônoma e social, além de apoio intenso e contínuo. Também é necessário, em muitos casos, uma flexibilização e adaptação curricular significativa, justificando-se, por esse motivo, a não inclusão no ambiente regular comum.

Em grande parte dessas instituições, existem parcerias entre os estados e os municípios que disponibilizam verba ou profissionais para realizar o atendimento aos estudantes e a manutenção do espaço.

É importante ressaltar que, apesar das limitações e dificuldades do público dessas instituições, é preciso manter o foco pedagógico e a prioridade no processo de ensino e aprendizagem desses estudantes. Durante muitas décadas, essas instituições atenderam a uma demanda social voltada muito mais para os cuidados ou para o exercício terapêutico, com demandas que envolviam trabalhos artesanais, como fabricação de almofadas, tapetes entre outros produtos. Tais práticas não devem ser a prioridade do trabalho nas instituições de educação especial, tendo em vista que o objetivo desses espaços é ser um **centro educacional adaptado às necessidades dos estudantes**, e não apenas um centro de convivência.

Nesse sentido, consideramos extremamente importante que os alunos interajam e tenham momentos de descontração, com jogos, brincadeiras, música e liberdade para se expressar. Porém, o que não pode acontecer é a inversão de conceitos e dos objetivos da instituição, que deve manter sempre seu cunho educacional.

O trabalho de professor itinerante se faz necessário quando não há muitos profissionais especializados, e o professor especialista precisa atender a diferentes alunos em várias escolas ou até mesmo em mais de um município. Nessa modalidade, o profissional periodicamente trabalha com um educando portador de necessidades especiais e com o professor de classe comum, proporcionando-lhes orientação e supervisão adequados, além da adaptação de materiais quando o estudante não se adaptar aos recursos comuns.

Esse é um caso menos comum em cidades maiores, com mais oportunidades de atendimento. Todavia, em cidades pequenas ou com poucos profissionais especializados na área de educação especial, essa pode ser a única possibilidade de levar atendimento adequado aos alunos especiais.

O deslocamento do profissional geralmente é feito com veículo da prefeitura local, mas também há casos em que o deslocamento fica a cargo do professor, que se desloca até as escolas ou casas dos alunos com seu próprio veículo para lhes proporcionar a continuidade de sua escolarização.

Síntese

Neste capitulo, versamos sobre as modalidades de atendimento oferecidas na educação especial. Diferenciamos as salas de recursos do tipo I e do tipo II, evidenciando que entre elas há diferenças estratégicas de atendimento e de recursos oferecidos para os estudantes em suas diferentes especificidades e que cada docente, de acordo com a área da educação especial em que deseja se especializar, será mais apto para trabalhar com determinado público.

Identificamos as funções dos professores intérpretes de Libras/língua portuguesa, PAC e PAEE, que apoiam a inclusão dentro das salas de aula realizando as adaptações necessárias e contribuindo para a promoção da aprendizagem dos estudantes. Também discorremos sobre o papel dos auxiliares que apoiam a inclusão com suas atividades voltadas ao auxílio à alimentação, à higiene e ao deslocamento.

Tratamos ainda do trabalho dos centros de apoio visual e auditivo, que realizam um trabalho específico com profissionais especializados nas deficiências visual e auditiva voltado à reabilitação do sujeito e à adaptação de materiais e recursos, tendo por objetivo facilitar o processo escolar e social da pessoa com deficiência.

Analisamos também a proposta de coensino, que consiste na inclusão do professor especialista no contexto regular em que haja um estudante incluso, fazendo deste um colaborador no processo de aprendizagem de todos os estudantes, e não apenas dos alunos PAEE. Essa modalidade é um novo desafio para os profissionais da educação especial que precisam aprender a trabalhar em conjunto com os professores do ensino regular rumo à promoção da aprendizagem de todos os estudantes.

Abordamos o trabalho das escolas especiais, dos professores itinerantes e dos profissionais do Sareh, que, conforme suas especificidades, auxiliam os estudantes que não podem frequentar a sala de aula regular.

Indicações culturais

COLEGAS. Direção: Marcelo Galvão. Brasil, 2013. 94 min.

> É retratada nesse filme a história de três estudantes com síndrome de Down. Aninha, Stalone e Márcio são jovens com muitos desejos e sonhos. Impossibilitados de realizar suas vontades pelo sistema em que estão inseridos, eles fogem do instituto em que vivem para perseguir seus respectivos desejos de casar, ver o mar e voar. O enredo se desenvolve com as aventuras dos protagonistas, que ajudam a formar um novo olhar sobre a pessoa com síndrome de Down, reforçando o desejo de autonomia, superação e aprendizagem, tanto dentro da escola quanto na sociedade.

HOJE eu quero voltar sozinho. Direção: Daniel Ribeiro. Brasil, 2014. 96 min.

Nesse longa, Léo causa grande desconforto e agitação ao chegar a um tradicional colégio do Rio de Janeiro por ser deficiente visual. Além de tentar superar as barreiras de aprendizagem, o estudante tem de lidar com algumas dificuldades de aceitação pela turma, até que encontra Gabriel, outro novato. No colega, além de apoio educacional, Léo encontra sentimentos desconhecidos que o despertam para o amor. Assim, a trama do filme é sustentada sobre dois grandes desafios sociais: a inclusão e a homossexualidade.

MEU NOME é Radio. Direção: Michael Tollin. EUA, 2003. 109 min.

Esse filme conta a bela história do jovem James, que, acompanhado de um carrinho de supermercado e um rádio, tinha por prática observar os treinos da equipe de futebol americano liderados por Harold Jones. Esse treinador era bastante competitivo, muito centrado em seu trabalho, chegando a deixar a família em segundo plano. Suas histórias se cruzam no dia em que alguns jogadores realizam uma brincadeira de mau gosto com James, deixando-o ainda mais assustado e fechado em seu silêncio. Como pedido de desculpas, o treinador resolve convidá-lo para assistir a um treino e, pouco a pouco, o insere na equipe como um assistente. Com o passar do tempo, James recebe novas atribuições e passa a ser chamado de Radio. Essa é uma história baseada em fatos reais, que mostra um novo olhar sobre o que o esporte pode proporcionar àqueles que não se destacam por suas habilidades cinestésicas e acadêmicas.

Atividades de autoavaliação

1. Os atendimentos especializados surgiram com o objetivo de proporcionar um melhor aproveitamento do processo de aprendizagem dos estudantes. Atualmente, dentro das salas de recursos, esses atendimentos se diferenciam pelas modalidades tipo I e tipo II. A esse respeito, assinale a alternativa correta:
   a) Na sala de tipo II, são realizados trabalhos específicos com alunos com cegueira ou baixa visão, ou, ainda, com alunos surdos.
   b) Estudantes com altas habilidades ou superdotação se enquadram na sala de tipo II.
   c) As salas dos tipos I e II recebem os mesmos equipamentos, recursos e mobiliários para trabalhar, embora o público atendido seja diferente.
   d) O objetivo exclusivo da sala do tipo II é realizar um serviço de apoio especializado, de natureza pedagógica, com o intuito de complementar o atendimento educacional.
   e) O objetivo exclusivo da sala do tipo II é realizar um serviço de apoio especializado, de natureza pedagógica, com o intuito de suplementar o atendimento educacional.

2. Modalidade de atendimento voltada para um profissional de apoio especializado, que atua no contexto da sala de aula, ou seja, acompanha as aulas regulares em que o estudante está inserido nos estabelecimentos de ensino fundamental, ensino médio e educação de jovens e adultos (EJA), para realizar o apoio e o atendimento necessários aos alunos com

deficiência física/neuromotora acentuada, com limitação na fala ou na escrita. Essa descrição se refere:
a) ao auxiliar operacional.
b) ao Centro de Atendimento Educacional Especializado na Área da Deficiência Visual (CAEDV).
c) ao Centro de Atendimento Especializado na Área da Surdez (Caes).
d) ao professor de apoio à comunicação alternativa (PAC).
e) à sala de recursos.

3. Sobre o Centro de Atendimento Educacional Especializado na Área da Deficiência Visual (CAEDV), assinale a alternativa correta:
a) Diz respeito ao funcionário, geralmente com formação em nível médio, cujas funções compreendem o apoio à locomoção, à higiene e à alimentação de alunos e professores com mobilidade reduzida.
b) Centro de atendimento para alunos cegos, de baixa visão ou com outros acometimentos visuais (ambliopia funcional, distúrbios de alta refração e doenças progressivas).
c) Centro de atendimento para alunos surdos ou com deficiência auditiva.
d) Instituição especializada destinada a prestar atendimento psicopedagógico a educandos portadores de deficiências (mental, física, visual, auditivas, múltiplas).
e) Trata-se do profissional que trabalha na modalidade de coensino.

4. O Serviço de Atendimento à Rede de Escolarização Hospitalar (Sareh) objetiva o atendimento educacional de educandos que se encontram impossibilitados de frequentar a escola em virtude de situação de internamento hospitalar ou tratamento de saúde, permitindo-lhes a continuidade do processo de escolarização, a inserção e a reinserção no ambiente escolar. Sobre o Sareh, é **incorreto** afirmar que:
    a) geralmente, essa é uma modalidade de apoio temporária, considerando que o estudante passará um período de sua vida escolar necessitando de atendimento médico.
    b) os professores dessa modalidade devem entrar em contato com os professores do ensino regular, pois é necessário que estes enviem os conteúdos e as avaliações que estão sendo aplicadas em sala, para que o professor do Sareh auxilie o estudante em internamento na compreensão do conteúdo.
    c) Os professores dessa modalidade devem ficar atentos a datas de provas, olimpíadas e concursos nacionais.
    d) ao mesmo tempo em que se espera que esse atendimento ocorra por um curto período, há situações em que o estudante precisa ficar internado por vários anos.
    e) é desenvolvido quando não há muitos profissionais especializados e o professor especialista precisa anteder diferentes alunos em várias escolas.

5. A proposta de coensino se trata basicamente de uma parceria entre os profissionais especializados da sala de recurso multifuncional e os professores das salas de aula regular, em que o trabalho pedagógico é desenvolvido em uma perspectiva colaborativa, visando desenvolver estratégias

de intervenções e de atuação pedagógica que permitam a todos os alunos, e não apenas os alunos público-alvo da educação especial (PAEE), a facilitação do acesso aos conteúdos pedagógicos. Os pesquisadores Vaughn, Schumm e Arguelles (1997) apontam cinco diferentes propostas básicas de coensino. Considerando essas propostas, marque V para as afirmativas verdadeiras ou F para as falsas:

( ) Um professor e um assistente: os dois professores atuam em sala de aula, mas apenas um conduz as instruções a serem fornecidas. O outro professor observa e caminha pela sala monitorando e auxiliando os alunos individualmente.

( ) Estações de ensino: os professores dividem o conteúdo a ser fornecido aos alunos, sendo que cada professor é responsável pelo ensino de uma parte ou de pequenos grupos de estudantes. Dessa forma, os estudantes se locomovem de uma estação de ensino para outra.

( ) Ensino paralelo: os professores planejam juntos os conteúdos a serem trabalhados, mas dividem a classe e fornecem, para pequenos grupos, o mesmo conteúdo dentro da mesma sala de aula.

( ) Ensino alternativo: um professor trabalha com um pequeno grupo de alunos para reforçar o que foi ensinado, ensinar previamente ou suplementar as instruções recebidas pela classe.

( ) Time de ensino ou equipe de ensino: os dois professores fornecem instruções para todos os alunos ao mesmo tempo. As propostas de trabalho em coensino mostram que há mais de uma forma de se trabalhar em parceria. Assim, conforme os professores se familiarizam com essa filosofia de trabalho, avançam nos estágios de colaboração e aprimoram suas estratégias de ensino e habilidades. Para que essas possibilidades de trabalho alternativas sejam efetivadas nas escolas, é preciso o suporte da administração para favorecer espaços de reflexão do trabalho e planejamento de novas propostas de trabalho que auxiliem o processo de escolarização dos alunos PAEE.

Agora, assinale a alternativa que apresenta a sequência correta de preenchimento dos parênteses, de cima para baixo:

a) V, V, V, V, F.
b) V, V, V, F, F.
c) F, V, V, V, V
d) V, V, V, V, V.
e) V, F, V, V, V.

Atividades de aprendizagem

Questões para reflexão

1. Depois da leitura do capítulo, responda, em um texto de 10 linhas, o que de mais importante o processo de inclusão oferece aos estudantes PAEE, que agora passam a estar inseridos no contexto regular de ensino.

2. A proposta de coensino, ou corregência, ainda é uma modalidade de atendimento considerada nova em nosso país. Leia o artigo *As interações pedagógicas na perspectiva do*

ensino colaborativo (Coensino): diálogos com o segundo professor de turma em Santa Catarina, de Beatriz Buss e Graziela Fatima Giacomazzo, e escreva um texto de 15 linhas com suas considerações a respeito.

BUSS, B.; GIACOMAZZO, G. F. As interações pedagógicas na perspectiva do ensino colaborativo (Coensino): diálogos com o segundo professor de turma em Santa Catarina. **Revista Brasileira de Educação Especial**, Bauru, v. 25, n. 4, p. 655-674, out./dez. 2019. Disponível em: <https://www.scielo.br/pdf/rbee/v25n4/1413-6538-rbee-25-04-0655.pdf>. Acesso em: 30 dez. 2020.

Atividade aplicada: prática

1. Escolha uma das modalidades de atendimento apresentadas neste capítulo e complete o quadro com o que você considera positivo ou mais importante neste trabalho, bem como o que considera mais desafiador ou as fragilidades que podem ser encontradas pelo caminho. Você pode fazer pesquisas em outros materiais ou conversar com algum profissional que já atue nessa modalidade para obter mais informações.

Modalidade escolhida:	
O que mais me chama a atenção, o que considero mais positivo ou mais importante nessa modalidade:	O que me preocupa, o que considero um desafio ou uma dificuldade nessa modalidade:

Capítulo 3
Concepção de deficiência, transtornos globais do desenvolvimento e altas habilidades ou superdotação

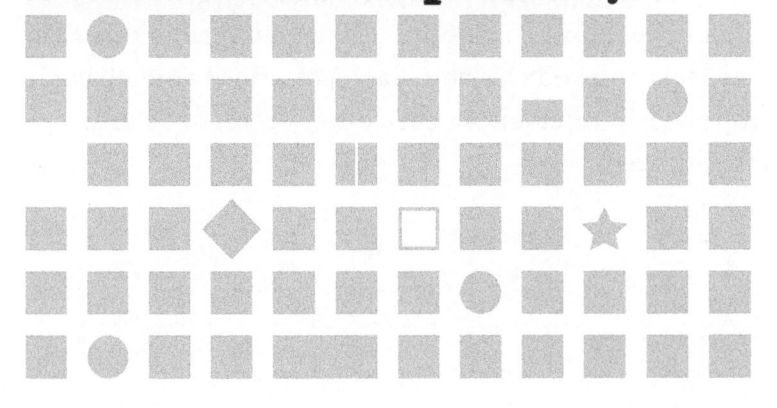

Nos capítulos precedentes, demonstramos que a inclusão é uma realidade atual e que os professores precisam se preparar para atender a essa demanda de forma muito respeitosa e eficiente. Mas como fazer isso?

> O primeiro passo é o que você está fazendo: adquirir conhecimento sobre o assunto para aprimorar sua prática. Assim, quanto mais você souber sobre educação especial e todos os outros conceitos que circundam essa temática, mais bem preparado você estará para compreender as necessidades de seus alunos.

Por isso, versaremos neste capítulo sobre alguns dos principais transtornos, deficiências e conceitos sobre o público-alvo da educação especial (PAEE). Contudo, é válido lembrar que, embora apresentemos de forma bastante resumida as principais necessidades educacionais especiais (NEE) e suas características, cabe a cada professor, conforme sua área específica de atuação, buscar conhecimento especializado sobre o público que atenderá. Também ressaltamos que tão importante quanto adquirir conhecimento sistematizado e ler os laudos e relatórios dos estudantes é ter sensibilidade de conversar com cada um dos alunos no intuito de entender melhor quais são suas reais necessidades hoje, para, posteriormente, elaborar propostas de intervenção para o seu processo de ensino e aprendizagem.

3.1 Deficiência intelectual e deficiência física

De acordo com o Decreto n. 5.296, de 2 de dezembro de 2004, a deficiência mental, atualmente denominada *deficiência intelectual*, refere-se ao "funcionamento intelectual significativamente inferior à média, com manifestação antes dos dezoito anos e limitações associadas a duas ou mais áreas de habilidades adaptativas" (Brasil, 2004), como: comunicação, cuidado pessoal, habilidades sociais, utilização dos recursos da comunidade, saúde e segurança, habilidades acadêmicas, lazer e trabalho.

Segundo a Organização Mundial de Saúde (OMS), cerca de 5% da população mundial tem alguma deficiência intelectual. Desde 2004, a American Association on Mental Retardation (AAMR, 1992) propôs uma revisão e nova definição de *deficiência intelectual*. Considerada um particular estado de funcionamento que encobre o desenvolvimento inicial da pessoa, a deficiência intelectual passou a ser caracterizada por limitações no nível de inteligência e nas qualidades adaptativas (Rossi; Rossi, 2011). A Declaração de Montreal sobre deficiência intelectual aponta que:

> Todas as pessoas com deficiências intelectuais são cidadãos plenos, iguais perante a lei e como tais devem exercer seus direitos com base no respeito nas diferenças e nas suas escolhas e decisões individuais. O direito à igualdade para as pessoas com deficiência intelectual não se limita à equiparação de oportunidades, mas requer também, se as próprias pessoas com deficiência intelectual o exigem, medidas apropriadas, ações afirmativas, adaptações ou apoios. (Declaração..., 2004, p. 2)

Nesse sentido, a inclusão social é um valioso meio para o desenvolvimento pleno das pessoas com deficiência intelectual. Entretanto, só terá resultados positivos se for realizada com base nas características individuais de cada deficiente intelectual, proporcionando a eles esse acesso aos recursos da sociedade, garantindo, assim, uma boa qualidade de vida.

Logo, é extremamente relevante que o professor, ao receber um estudante com tais características, além de ler suas avaliações clínicas e laudos, realize algumas avaliações pedagógicas para entender seu nível acadêmico e, assim, planejar as adaptações necessárias para que o estudante se desenvolva intelectualmente.

Passamos agora para a explanação sobre deficiência física. Segundo rege o art. 4º do Decreto 5.296/2004:

> I. deficiência física: alteração completa ou parcial de um ou mais segmentos do corpo humano, acarretando o comprometimento da função física, apresentando-se sob a forma de paraplegia, paraparesia, monoplegia, monoparesia, tetraplegia, tetraparesia, triplegia, triparesia, hemiplegia, hemiparesia, ostomia, amputação ou ausência de membro, paralisia cerebral, nanismo, membros com deformidade congênita ou adquirida, exceto as deformidades estéticas e as que não produzam dificuldades para o desempenho de funções. (Brasil, 2004)

Nesse sentido, *deficiência física* é, portanto, não apenas alguma limitação na movimentação dos membros, mas também casos de pessoas que tiveram de amputá-los por algum motivo. Maciel (1998, p. 55) defende que "a deficiência física implica falha das funções motoras. Na maioria das vezes, a inteligência fica preservada, com exceção dos casos em que células da área de inteligência são atingidas no cérebro". Assim, a parte cognitiva do cérebro funciona normalmente, deixando a pessoa com deficiência física com plenas condições de aprendizagens, socialização, não necessitando de auxílio profissional nessas áreas (Maciel, 1998).

Logo, na inclusão da pessoa com deficiência física, as adaptações são mais de caráter arquitetônico e prático do que necessariamente acadêmico, se o estudante tiver preservadas suas condições intelectuais. Deve ser observado seu desenvolvimento motor para entender se esse aluno conseguirá registrar os conteúdos e participar das atividades em sala de aula e fora dela, respeitando seus limites de movimento e proporcionando as adaptações necessárias para tal. Também é importante que o estudante se sente perto da porta para facilitar seu deslocamento e que seja avaliada a necessidade de adaptação de sua carteira, da sala de aula, bem como dos demais ambientes escolares com rampas de acesso e corrimão para facilitar sua locomoção.

Figura 3.1 – Limitações motoras

Olesia Bilkei/Shutterstock

O material didático também pode ser adaptado com o objetivo de melhorar seu uso e organização após as aulas. Materiais impressos e atividades que requeiram menos da escrita são exemplos de algumas adaptações simples que podem facilitar a aprendizagem dos estudantes com dificuldades psicomotoras.

3.2 Síndrome de Down

A síndrome de Down é causada por uma deficiência cromossômica, pela ocorrência de três (trissomia) cromossomos 21. É uma condição genética conhecida há mais de um século, descrita por John Langdon Down (1828-1896), e que constitui uma das causas mais frequentes de deficiência intelectual (Rodrigues, 2006).

Figura 3.2 – Síndrome de Down

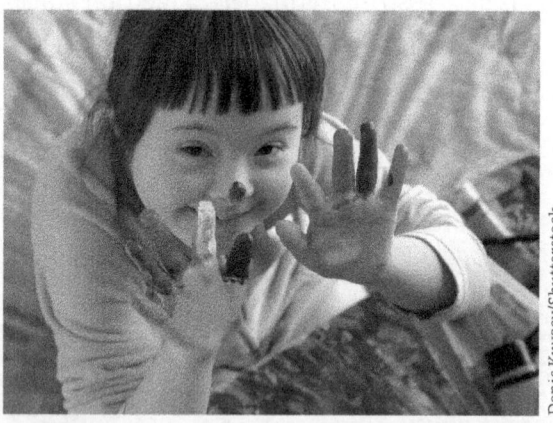

Denis Kuvaev/Shutterstock

Segundo Santos (2019, grifo do original), há três tipos principais de síndrome de Down, são elas:

- **Trissomia 21 livre**: ocorre uma não disjunção durante o processo de divisão celular (meiose) que deu origem aos gametas. Nesse caso, um dos gametas possui um cromossomo 21 a mais e, após a fecundação, gera um zigoto com a trissomia. Esse tipo é o mais comum de trissomia do 21 e, geralmente, é consequência no erro da formação do gameta materno. Nessa situação, o cariótipo é escrito da seguinte forma: 47, XX + 21 (sexo feminino) ou 47 XY + 21 (sexo masculino).
- **Trissomia 21 em translocação**: é pouco comum, ocorrendo em 3% a 4% dos casos. Nesse caso, não se observa um cromossomo 21 a mais livre, mas uma parte de um cromossomo 21 ligado a outro cromossomo. Há, portanto, dois cromossomos do par 21 completos e mais um pedaço de um terceiro cromossomo 21 colado a outro cromossomo de outro par.
- **Trissomia 21 em mosaicismo**: é o menos comum. Há a formação da primeira célula com o número normal de cromossomos (46), entretanto, ocorre erro nas divisões celulares que ocorrem na sequência. Portanto, temos indivíduos com células normais e com células trissômicas.

É importante saber que, na síndrome de Down por translocação, os pais devem se submeter a um exame genético, pois eles podem ser portadores da translocação e têm grandes chances de ter outro filho com a mesma alteração genética.

Para Santos (2019), entre as principais características da síndrome de Down se destacam a fraqueza muscular, a baixa estatura, os olhos puxados, além de condições relacionadas ao desempenho acadêmico e anomalias cardíacas. Além dessas características, as pessoas com essa alteração cromossômica, em grande parte dos casos, apresentam um desenvolvimento físico e mental mais lento que as pessoas sem a síndrome. Contudo, há uma grande variação na capacidade mental e no processo de desenvolvimento dos alunos com a síndrome.

O desenvolvimento motor deles é mais lento e o da linguagem também é bastante atrasado (Santos, 2019). Entretanto, esses aspectos podem ser reduzidos de acordo com os estímulos que a pessoa recebe, daí a importância de iniciar, desde os primeiros meses de vida, o trabalho com a estimulação e demais atendimentos necessários. Dito de outro modo, é necessário desde os primeiros meses ter um acompanhamento especializado com estimulação precoce.

No entanto, antes de iniciar os atendimentos que visam proporcionar o desenvolvimento da criança com síndrome de Down, os pais precisam aceitar as condições de seu filho. Deve estar claro para eles que, apesar de ser um processo mais lento e gradual, a criança poderá realizar muitas atividades e adquirir múltiplas aprendizagens, conseguindo frequentar o ensino regular e ter um bom desenvolvimento, conforme suas especificidades. Em alguns casos, é importante que a família conte com a ajuda de profissionais que sanem suas dúvidas e angústias, como terapeutas e psicólogos.

De acordo com Travassos-Rodriguez (2010):

> A presença do indivíduo com Síndrome de Down na escola regular, na mídia e na sociedade de forma mais ampla denota uma mudança produzida pela nossa subcultura, já que acreditamos que tais elaborações são recíprocas. Não se trata de um movimento independente do nosso contexto, senão não

seria significativo. Assistimos hoje um momento que pode se tornar histórico, um ponto de bifurcação que pode gerar uma mudança do conceito que se tinha sobre a pessoa com Síndrome de Down dentro do imaginário social. Isto não muda a sociedade em si, isto muda as ideias das pessoas que constroem socialmente valores, normas, padrões, conceitos e preconceitos.

Assim, as pessoas com síndrome de Down são indivíduos que têm suas diferenças, mas que também têm potencialidades, e sua convivência com pessoas sem deficiência é extremamente importante não apenas para eles, mas para toda a sociedade.

3.3 Deficiência visual e deficiência auditiva

Conforme a OMS, é considerada *deficiente visual* a pessoa que é privada, em parte (segundo critérios preestabelecidos) ou totalmente, da capacidade de ver.

Segundo Vanderheiden e Vanderheiden (1991), a deficiência visual abrange as pessoas que possuem desde visão fraca ou baixa visão, passando por aquelas que conseguem distinguir luzes, mas não formas, até aquelas que não percebem nem sequer a luz. Para fins didáticos, essas pessoas são divididas em dois grupos: visão subnormal e cegueira.

No art. 5º do Decreto n. 5.296/2004 e no art. 4º do Decreto n. 3.298, de 20 de dezembro de 1999 (Estatuto das Pessoas com Deficiência), *deficiência visual* é definida como:

cegueira, na qual a acuidade visual é igual ou menor que 0,05 no melhor olho, com a melhor correção óptica; a baixa visão, que significa acuidade visual entre 0,3 e 0,05 no melhor olho, com a melhor correção óptica; os casos nos quais a somatória da medida do campo visual em ambos os olhos for igual ou menor que 60°; ou a ocorrência simultânea de quaisquer das condições anteriores. (Brasil, 1999; 2004)

O termo *deficiência visual* também pode ser atribuído a uma situação irreversível de diminuição da resposta visual, em virtude de causas congênitas ou hereditárias, mesmo após tratamento clínico e/ou cirúrgico e uso de óculos convencionais. A diminuição da resposta visual pode ser leve, moderada, severa ou profunda (grupo de visão subnormal) e ausência total de resposta visual (cegueira) (Brasil, 1999).

As pessoas com visão subnormal também são subdivididas em outras variações: alguns conseguem ler se o impresso for grande ou se estiver próximo a seus olhos (ou mesmo com apoio de lentes de aumento); outros conseguem apenas detectar grandes formas, cores ou contrastes. Sobre isso, Vanderheiden e Vanderheiden (1991, p. 8, tradução nossa) afirmam:

> A visão subnormal inclui problemas (após a correção), como escurecimento da visão, visão embaçada, névoa (película) sobre os olhos, visão apenas de objetos extremamente próximos ou perda de visão à distância, visão distorcida, manchas na frente da visão, distorção de cores ou daltonismo, defeitos no campo visual, visão em túnel, falta de visão periférica, sensibilidade anormal à luz ou claridade e cegueira noturna.

Assim, ao atender um estudante com algum tipo de deficiência visual, é importante conhecer essas classificações para entender o quanto ele está enxergando. Com isso, é possível providenciar os recursos necessários, como adaptações de materiais e fazer o encaminhamento para centros em que possa aprender o sistema braile, caso seja necessário.

Figura 3.3 – Sistema braile

O sistema braile foi criado pelo francês Louis Braille (1809-1852) e consiste em seis pontos em alto-relevo que, combinados entre si, formam letras do alfabeto, números, sinais de pontuação e alguns símbolos.

No entanto, o sistema braile não é o único recurso para os deficientes visuais lerem e escreverem. Atualmente, há algumas possibilidades, como a utilização de computadores com leitores de tela e/ou ampliadores, materiais ampliados, no caso de visão subnormal. Portanto, as adaptações adotadas para o melhor aproveitamento acadêmico do estudante dependem de suas necessidades específicas. Em sala de aula, o aluno pode utilizar a reglete, que é um instrumento em que ele escreve em braile com o uso da punção.

Figura 3.4 – Reglete

RUCHUDA BOONPLIEN/Shutterstock

Também é de extrema relevância que, ao receber um estudante com deficiência visual, os professores e a equipe pedagógica o auxiliem no deslocamento dentro do espaço escolar. É recomendável que o estudante se sente na primeira carteira perto da porta para facilitar sua locomoção. É importante que ele reconheça todos os espaços da escola, principalmente os locais pelos quais ele mais se deslocará, como sua sala de aula, o banheiro, a cantina, o laboratório, as quadras de esportes, o acesso ao portão, a sala da equipe pedagógica e da gestão escolar. Além disso, se houver algum tipo de mudança, como troca de sala ou alguma reforma na instituição, o estudante precisa ser imediatamente avisado para que se evitem quedas, acidentes e constrangimentos.

Passemos agora a tratar da surdez e da deficiência auditiva. Lembremos que a audição é um dos sentidos envolvidos na aquisição da fala, bem como no reconhecimento das pessoas, dos objetos e de tudo o que circunda o sujeito.

Nas palavras de Monteiro, Silva e Ratner (2016, p. 1):

> A surdez é caracterizada como a redução ou ausência da capacidade de ouvir determinados sons e pode ser classificada em dois tipos: perda auditiva condutiva, que se dá geralmente por obstruções da orelha externa como, tampões de cera, infecções no canal do ouvido, tímpano com rotura ou perfurado; e perda auditiva neurossensorial, que compreende danos nas células ciliadas da cóclea.

É considerada *audição normal* a habilidade de detecção de sons até 25 decibéis (dB). Para deficiência auditiva leve, considera-se o limiar entre 25 e 40 dB. Para a moderada, o limiar fica entre 45 e 70 dB. No caso da deficiência auditiva severa, a faixa é de 75 a 90 dB. E quando a habilidade de detecção de sons é superior a 90 dB, a deficiência auditiva é tida como profunda (Fiocruz, 2020).

O Decreto n. 5.296/2004 destaca que a deficiência auditiva caracteriza-se por "perda bilateral, parcial ou total, de quarenta e um decibéis (dB) ou mais, aferida por audiograma[1], nas frequências de 500Hz, 1.000Hz, 2.000Hz e 3.000Hz" (Brasil, 2004).

Assim, a deficiência auditiva é a perda sensorial da audição. Em outras palavras, a pessoa vai perdendo gradualmente a percepção dos sons até atingir o grau de surdez, ou seja, a ausência total de sons. Em consequência, a aquisição da linguagem

---

[1] Audiograma é um gráfico que descreve a capacidade e sensibilidade auditivas. Ele demonstra o mínimo de intensidade sonora que um indivíduo consegue detectar em determinadas frequências audíveis ao ouvido humano.

oral também é dificultada, podendo uma criança chegar aos 5 anos sem aprender a falar. Rinaldi et al. (1997) registram que, nesses casos, o estudante deve ser encaminhado ao atendimento especializado na aprendizagem em Língua Brasileira de Sinais (Libras).

Mas essa não é a única metodologia de trabalho. Dependendo do grau de surdez, é possível trabalhar o oralismo. Assim, para cada indivíduo, uma metodologia de trabalho específica pode ser construída a fim de desenvolver tanto a capacidade oral, quanto a linguagem de sinais.

Nesse sentido, salientamos que "as dificuldades que as pessoas surdas vivenciam dizem respeito à incapacidade de ouvir e, portanto, de se comunicar com a sociedade que ouve, pois eles não compartilham o mesmo canal de comunicação" (Monteiro; Silva; Ratner, 2016, p. 1).

Portanto, as limitações estão muito mais na sociedade, que ainda não está preparada para atender a pessoa surda respeitando sua capacidade de comunicação, seja por meio do desenvolvimento da oralidade, nos casos possíveis, seja pela Libras.

Além disso, também pode ser trabalhada a comunicação total, que enfatiza a utilização de qualquer forma de comunicação por uma pessoa surda, como os gestos naturais, o português sinalizado, a leitura labial e o alfabeto datilológico, que contribuem para o desenvolvimento da comunicação.

Em alguns casos, também é possível o bilinguismo. Nele, assume-se a Libras como primeira língua e a língua oficial do país como segunda – no nosso caso, o português –, havendo o uso dessas duas línguas simultaneamente no processo educacional. Para Kubaski e Moraes (2009, p. 3413), "o ideal, é que a criança adquira primeiro a língua de sinais e depois a língua portuguesa para que facilite a sua compreensão, uma vez que o aprendiz da segunda língua utiliza a primeira como estratégia da aprendizagem".

3.4 Surdocegueira e deficiências múltiplas

A surdocegueira refere-se ao comprometimento da visão e da audição associado ou não às áreas física, intelectual, emocional ou da aprendizagem (Nascimento; Maia, 2006). Nela está englobada, segundo Goldfeld (2002); a cegueira congênita e a surdez adquirida; a cegueira e a surdez congênitas; a cegueira e a surdez adquiridas; a baixa visão com surdez congênita ou adquirida.

McInnes e Treffry (1991, p. 98, tradução nossa) afirmam que o termo *surdocego* não conceitua um "surdo que não pode ver ou um cego que não pode ouvir, mas se constitui em uma condição única de privação multissensorial a quem foi negado o uso efetivo e simultâneo de dois sentidos distais". Assim, a privação da audição e da visão acarretam a falta de orientação sensorial, fazendo o sentido do tato se sobressair, tornando-se necessário o estímulo desse sentido, agora com uma nova função.

Assim, os professores devem ficar atentos aos comportamentos apresentados pelas crianças com surdocegueira, pois muitas vezes elas querem dizer alguma coisa, mas não sabem exatamente como se expressar. Ao compreender o aluno, o professor poderá entender as necessidades desse estudante e adaptar suas atividades para amenizar a distância entre seus colegas, proporcionando uma melhor interação com os demais, o que será muito importante para o desenvolvimento e o crescimento da criança.

Nesses casos, é fundamental que, além de ser inserido na sala de aula regular, o estudante frequente outros atendimentos em centros especializados. Isso é importante para que, em um trabalho multidisciplinar, professores do ensino regular e professores especializados possam pensar de que forma serão melhor apresentados os conteúdos e quais os recursos e materiais serão necessários adaptar para o melhor desenvolvimento dessa criança.

> **Curiosidade**
>
> O caso mais conhecido e de maior sucesso nessa área é o de Hellen Keller e sua professora Anne Sullivan.
>
> Helen Adams Keller nasceu em Tuscumbia, em 27 de junho de 1880, e faleceu em Westport, em 1º de junho de 1968. Ela foi uma escritora, conferencista e ativista social norte-americana. Keller iniciou sua escolarização graças aos esforços de Sullivan e foi a primeira pessoa surdocega a conquistar um bacharelado.
>
> Keller ficou doente em 1882, quando ainda tinha 1 ano e meio de idade, perdendo sua audição e sua visão. A partir de 1887, a professora Sullivan iniciou seus trabalhos com a menina, que desenvolveu sua capacidade de se comunicar, soletrando em língua se sinais, na palma de sua mão, os nomes dos objetos que apresentava para ela tocar. Keller estudou, passou na faculdade e formou-se em 1904. Em 1920, ela ajudou a fundar a American Civil Liberties Union (Aclu) e durante toda sua vida recebeu muitas honrarias em reconhecimento a suas realizações e publicações de obras.

O termo *deficiências* múltiplas refere-se à associação de duas ou mais deficiências, conforme o art. 5º do Decreto n. 5.296/2004. Já conforme o Programa TEC NEP (Educação, Tecnologia e Profissionalização para Pessoas com Necessidades Educacionais Específicas), citado por Anjos (2006), a deficiência múltipla é a deficiência auditiva ou a deficiência visual associada a outras deficiências (mental e/ou física) ou, ainda, a distúrbios (neurológicos, emocionais, de linguagem e de desenvolvimento educacional, vocacional, social e emocional), dificultando sua autossuficiência.

Godói (2006, p. 11) assevera que a condição de deficiência múltipla também está associada às ordens física, sensorial, mental, emocional ou de caráter comportamental social. No entanto, a caracterização dessa deficiência se dá de acordo com o nível de desenvolvimento e de alteração de cada ordem e com a necessidade especial da pessoa. Portanto, dependendo da alteração e do desenvolvimento de cada ordem – física, mental, emocional ou de comportamento –, a criança, o jovem ou o adulto acometidos por essa deficiência pode frequentar uma escola regular, mas, em alguns casos, são indicadas escolas especiais.

Segundo Carvalho (2000, p. 47), a deficiência múltipla "é uma condição heterogênea que indica diferentes grupos de pessoas, revelando associações diversas de deficiências que afetam, mais ou menos intensamente, o funcionamento individual e o relacionamento social".

Entretanto, cabe destacar que, independentemente da classificação da deficiência múltipla, é preciso estar atento ao fato de que essas associações entre deficiências podem acarretar outras junções de deficiências, que, por sua vez, podem apresentar outras denominações. Assim, para Carvalho (2000, p. 50, grifo do original), no momento da avaliação do aluno com deficiência múltipla, é preciso "focalizar a **deficiência predominante**, ou seja, aquela que consideram **principal** ou **maior responsável** pelas limitações".

De qualquer modo, o desenvolvimento da pessoa com deficiências múltiplas depende muito da precocidade dessa avaliação e dos estímulos que ela recebe. Nesse processo, é extremamente importante que haja:

- a atitude de aceitação por parte da família;
- a intervenção adequada para atuar nas causas e nos efeitos das deficiências;
- a oportunidade de participação e integração da pessoa ao ambiente físico e social;
- o apoio adequado, com a duração necessária, para melhorar o funcionamento da pessoa no ambiente;
- o incentivo à autonomia e à criatividade;
- as atitudes favoráveis à formação do autoconceito e da autoimagem positivos. (Carvalho, 2000, p. 49)

Nesse sentido, as intervenções apropriadas iniciadas logo que se confirmem os diagnósticos tendem a resultar no desenvolvimento da aprendizagem e das capacidades que podem melhorar significativamente a qualidade de vida da pessoa com deficiências múltiplas.

A depender das necessidades específicas de cada estudante, devem ser realizados os encaminhados e atendimentos especializados que se façam necessários, sempre com a intenção de promover a aprendizagem dos discentes. Lembramos que a proposta de inclusão escolar é frutífera, mas que, em determinados casos, a inserção de estudantes em escolas especializadas pode ser bastante positiva para o desenvolvimento destes.

3.5 Transtornos globais do desenvolvimento

Klin (2006, p. 4) assim se posiciona a respeito dos transtornos globais do desenvolvimento (TGD), ou transtornos invasivos do desenvolvimento (TID)[2]:

> Referem-se a uma família de condições caracterizadas por uma grande variabilidade de apresentações clínicas. Podem variar tanto em relação ao perfil da sintomatologia quanto ao grau de acometimento, mas são agrupados por apresentarem em comum uma interrupção precoce dos processos de sociabilização. São, por natureza, transtornos do neurodesenvolvimento que acometem mecanismos cerebrais de sociabilidade básicos e precoces. Consequentemente, ocorre uma interrupção dos processos normais de desenvolvimento social, cognitivo e da comunicação.

Em consonância com a Política Nacional de Educação Especial na Perspectiva da Educação Inclusiva e com o Código Internacional de Doenças, décima edição (CID-10, 2009), pessoas com TGD são aquelas que apresentam "alterações qualitativas das interações sociais recíprocas e na comunicação, um

---

[2] O autor optou pelo termo *transtorno invasivo do desenvolvimento* (TID) em detrimento das outras duas traduções que têm sido utilizadas em português para o termo *Pervasive Developmental Disorder: transtorno global do desenvolvimento* e *transtorno abrangente do desenvolvimento*. Segundo Klin (2006), a Edusp, na tradução do CID-10, utilizou o termo *global* como tradução para *pervasive*; porém, a Artmed, que traduziu o CID-10 e o DSM-IV, optou pelo termo *invasivo*. Apenas por estar presente nas traduções dos dois manuais, o autor decidiu utilizar essa última opção.

repertório de interesses e atividades restrito, estereotipado e repetitivo" (OMS, 2009). Incluem-se nesse grupo alunos com transtorno do espectro autista e psicose infantil.

Sendo assim, os transtornos globais de desenvolvimento não têm uma definição, pois as características estão englobadas em um conjunto de comportamentos que dificultam a definição de um único conceito. Contudo, de forma geral, no ambiente escolar eles podem vir a causar reações e comportamentos que prejudicam o relacionamento entre aluno, professor e colegas (Anjos, 2006).

> Há crianças cujo padrão comportamental encontra-se na primeira categoria, apresentando comportamentos voltados para si próprios, tais como: fobias, automutilação, alheamento do contexto externo, timidez, recusa em verbalizar, recusa em manter contato visual etc. Por outro lado, encontramos crianças cujo padrão comportamental encontra-se na segunda categoria, apresentando comportamentos voltados para o ambiente exterior, tais como: agredir, faltar com a verdade, roubar, gritar, falar ininterruptamente, locomover-se o tempo todo etc. (Brasil, 2002, p. 8)

Para os autores Koch e Elias (2010, p. 37), algumas características das pessoas com TGD são:

- Prejuízo acentuado no contato visual direto, na expressão facial, posturas corporais e outros gestos necessários para comunicar-se com outras pessoas;
- Fracasso para desenvolver relacionamentos com outras crianças ou até mesmo com os pais;

- Falta de tentativa espontânea de compartilhar prazer, interesses ou realizações com outras pessoas (por exemplo, não mostrar, trazer ou apontar objetos de interesse);
- Atraso ou ausência total da fala;
- Em crianças com fala adequada, acentuado prejuízo na capacidade de iniciar ou manter uma conversa;
- Uso repetitivo de mesmas palavras e sons;
- Ausência de jogos ou brincadeiras variadas de acordo com a idade;
- A criança parece adotar uma rotina ou ritual específico em seu ambiente, com extrema dificuldade e sofrimento quando tem que abrir mão da mesma;
- Preocupação persistente com partes de objetos.

Entre os principais transtornos, destacam-se o transtorno do espectro autista (TEA), a síndrome de Rett e a psicose infantil. Comentaremos brevemente cada um deles na sequência, lembrando que não pretendemos apresentar um estudo minucioso, mas algumas características de cada transtorno que possam auxiliar o professor de educação especial a repensar suas práticas, em função das necessidades de cada estudante.

3.5.1 Autismo

O transtorno do espectro autista e a síndrome de Asperger são os mais conhecidos entre os TID ou TGD. Segundo Klin e Mercadante (2006), os dois transtornos pertencem a uma família de condições marcada pelo início precoce de atrasos e desvios no desenvolvimento das habilidades sociais, comunicativas, entre outras. Na quarta edição revisada do Manual

Diagnóstico e Estatístico de Transtornos Mentais (DSM-IV-TR), a categoria TID inclui: condições que estão invariavelmente associadas ao retardo mental – síndrome de Rett e transtorno desintegrativo da infância (TDI); condições que podem ou não estar associadas ao retardo mental – autismo e TID sem outra especificação (TID-SOE); e uma condição que é tipicamente associada à inteligência normal – síndrome de Asperger.

Assim, ainda é muito comum as duas situações serem confundidas entre os professores e, até mesmo, entre os profissionais especialistas. A esse respeito, Klin e Mercadante (2006, p. 1) declaram:

> Sabemos, hoje, que essas condições são "primas" próximas nas perspectivas comportamentais, neurobiológicas e genéticas. E elas apontam para um vasto grupo heterogêneo de condições, com os indivíduos afetados variando quanto à inteligência: desde comprometimento profundo à faixa superdotada; alguns não falam, ao passo que outros são loquazes, assoberbando os demais com monólogos intermináveis; alguns têm suas vidas dominadas por maneirismos e rituais motores imutáveis, ao passo que outros dedicam toda sua energia intelectual à busca exclusiva de fatos e de informações sobre tópicos incomuns e altamente circunscritos.

Dito de outro modo, tanto em uma situação quanto em outra, existe um permanente prejuízo na interação social da pessoa com alterações na comunicação e em padrões limitados ou estereotipados de comportamentos e interesses. O que difere uma condição da outra é o grau em que essas alterações se apresentam. Contudo, em ambos os casos, as anormalidades no funcionamento de cada uma dessas áreas são perceptíveis por volta dos 3 anos de idade.

Segundo Klin (2006, p. 4):

> Aproximadamente 60 a 70% dos indivíduos com autismo funcionam na faixa do retardo mental, ainda que esse percentual esteja encolhendo em estudos mais recentes. Essa mudança provavelmente reflete uma maior percepção sobre as manifestações do autismo com alto grau de funcionamento, o que, por sua vez, parece conduzir a que um maior número de indivíduos seja diagnosticado com essa condição.

Logo, quanto mais estudos forem realizados nesta área, mais saberemos sobre o funcionamento cerebral da pessoa com transtorno do espectro autista ou com Asperger e melhor poderemos auxiliá-los em seu desenvolvimento escolar.

3.5.2 Síndrome de Rett

Diferentemente dos transtornos descritos anteriormente, na síndrome de Rett o desenvolvimento da criança é normal nos primeiros meses de vida. Todavia, à medida que cresce, vão surgindo o déficit no desenvolvimento da linguagem expressiva e receptiva, a desaceleração do desenvolvimento do crânio, a consequente perda dos movimentos propositais das mãos e sua torção, bem como o aumento da quantidade de ar nos pulmões, que podem ter como consequência um retardo mental grave.

No CID-10 (OMS, 2009, p. 368), a síndrome de Rett é conceituada como um

Transtorno descrito até o momento unicamente em meninas, caracterizado por um desenvolvimento inicial aparentemente normal, seguido de uma perda parcial ou completa de linguagem, da marcha e do uso das mãos, associado a um retardo do desenvolvimento craniano e ocorrendo habitualmente entre 7 e 24 meses. A perda dos movimentos propositais das mãos, a torção estereotipada das mãos e a hiperventilação são características deste transtorno. O desenvolvimento social e o desenvolvimento lúdico estão detidos enquanto o interesse social continua em geral conservado. A partir da idade de quatro anos manifesta-se uma ataxia do tronco e uma apraxia, seguidas frequentemente por movimentos coreoatetósicos. O transtorno leva quase sempre a um retardo mental grave.

Já segundo Hagberg e Witt-Engerström (1986, citado por Schwartzman, 2003, p. 110, grifo do original), essa síndrome é definida em quatro estágios:

> O primeiro deles, denominado **estagnação precoce**, inicia-se entre seis e 18 meses e caracteriza-se por uma parada no desenvolvimento, desaceleração do crescimento do perímetro craniano, diminuição da interação social com consequente isolamento. Esse estágio tem a duração de alguns meses. O segundo, **rapidamente destrutivo**, inicia-se entre um e três anos de idade e tem a duração de semanas ou meses. Uma rápida regressão psicomotora domina o quadro, com a presença de choro imotivado e períodos de extrema irritabilidade, comportamento tipo autista, perda da fala e aparecimento dos movimentos estereotipados das mãos, com subsequente perda da sua função práxica; disfunções respiratórias (apneias em vigília, episódios de hiperventilação e outras) e crises convulsivas começam a

se manifestar. Em algumas crianças há perda da fala que já estava eventualmente presente. Distúrbios do sono são comuns. Entre os dois e dez anos de idade instala-se o terceiro estágio: o **pseudo-estacionário**, no qual ocorre certa melhora de alguns dos sinais e sintomas, inclusive do contato social. Os distúrbios motores são evidentes, com presença de ataxia e apraxia, espasticidade, escoliose e bruxismo. Os trabalhos estrangeiros referem que nessa fase é muito comum ocorrer perda de peso, apesar de ingesta normal. Todavia, em pesquisa conduzida no Brasil, Schwartzman não encontrou desnutrição entre as crianças examinadas. Ao contrário do que se poderia esperar, várias das pacientes apresentavam sobrepeso. Crises de perda de fôlego, aerofagia e expulsão forçada de ar e saliva ocorrem com frequência. O quarto estágio, que se inicia por volta dos dez anos de idade, é o da **deterioração motora tardia**, ocorrendo lenta progressão dos déficits motores, com presença de escoliose e severa deficiência mental. Epilepsia pode se tornar menos importante, e as poucas pacientes que ainda retêm a deambulação gradualmente terão prejuízos crescentes, acabando por ter que utilizar cadeiras de rodas. Observa-se, nesse período, a superposição de sinais e sintomas decorrentes de lesão do neurônio motor periférico aos prejuízos já presentes. Presença de coreo-atetose é comum nessa fase.

Reforçamos, porém, que cada criança tem seu próprio desenvolvimento, e suas características individuais podem variar de acordo com os tratamentos e estímulos que lhe são oferecidos. Trata-se de uma doença que não tem cura até este momento, mas, com muito estímulo e trabalho, a criança pode melhorar sua condição e sua qualidade de vida.

3.5.3 Psicose infantil

Um dos primeiros registros de estudos dedicados à mente infantil data de 1930. Trata-se de um artigo em que Melanie Klein (1930/1981) discute o diagnóstico do caso Dick, no trabalho intitulado "A importância da formação se símbolos no desenvolvimento do ego"[3] considerado por muitos como o primeiro caso de psicose infantil tratado pela psicanálise.

Em pesquisa realizada por Bezerra et al. (2004, p. 67), registou-se que:

> Em 1970, Ajuriaguerra na 1ª edição do manual de psiquiatria infantil definiu a psicose infantil como um transtorno de personalidade dependente de um transtorno da organização de eu e da relação da criança com o meio ambiente. Tradicionalmente os psiquiatras definem o termo psicose como um distúrbio no sentido da realidade. Em contrapartida, numa visão psicodinâmica a psicose seria uma desorganização da personalidade podendo então ser compreendida como uma confusão entre o mundo imaginário e perceptivo na ausência do Ego (Freud), estrutura limitante entre esses dois mundos.

Características do psicótico infantil:
- Dificuldades de se afastar da mãe;
- Problemas na compreensão do que vê;
- Problema na compreensão dos gestos e da linguagem;

---

[3] Para saber mais a respeito, consulte o seguinte artigo: OLIVEIRA, D. L. P.; CAPORAL, L. de F. R.; LIMA, G. M. M. de. Dick: um caso de Melanie Klein. **Revista Científica da Fasete**, p. 209-218, 2018. Disponível em: <https://www.unirios.edu.br/revistarios/media/revistas/2018/17/dick.pdf>. Acesso em: 30 dez. 2020.

- Alterações marcantes na forma ou conteúdo do discurso, repetindo imediatamente palavras e/ou frases ouvidas (fala ecolálica), ou utilizando-se de estereotipias verbais e de frases ouvidas anteriormente e empregadas de forma idiossincrática. A inversão pronominal é comum, a criança se refere a ela mesma utilizando-se da terceira pessoa do singular ou do seu nome próprio.
- Alterações marcantes na produção da fala, com peculiaridades quanto à altura, ritmo e modulação.
- Habilidades especiais.
- Conduta socialmente embaraçosa.
- Negação da passagem da alimentação líquida para sólida ou bulimia indiferenciada incorporando qualquer objeto pela boca.

Citando pesquisa de Dolto, Vanoli e Bernardino (2008, p. 255) afirmam que

> a preocupação exclusiva com a saúde orgânica das crianças pequenas, desconsiderando os processos patogênicos de angústia decorrentes de perturbações da relação simbólica pai-mãe-filho, bem como de contingências ambientais, podem desencadear mais tarde neuroses traumáticas. Ainda para a autora [Dolto], é frequente receber pais que obtiveram dos médicos não mais do que medicamentos, diagnósticos definitivos de incurabilidade, conselhos de tolerância e paciência ou conselhos de colocação dessas crianças em classes para excepcionais ou internatos especializados, segregando-as do seu meio e reduzindo-as a "crianças coisas",

cujos sintomas traduzem "uma desordem estrutural de um desejo **precluso**".

Assim, podemos perceber que as pesquisas analisam as características e, nessa perspectiva, visam estabelecer o transtorno da criança conforme o quadro que ela apresenta. Contudo, os professores, mesmo estando atentos aos diagnósticos médicos e às prescrições medicamentosas quando necessárias, devem ter em mente que propiciar à criança com dificuldades psíquicas graves um lugar de escuta diferenciada e uma atenção especial a suas reais necessidades acadêmicas pode possibilitar outro destino ao sujeito que recebe um diagnóstico de psicose na infância.

3.6 Altas habilidades ou superdotação[4]

Antes de iniciarmos nossa explanação sobre esses alunos PAEE, temos de esclarecer que os termos *superdotado, aluno com altas habilidades* ou, ainda, *aluno com superdotação* se referem ao mesmo tipo de estudante, não havendo distinção entre *pessoa superdotada* ou *pessoa com altas habilidades*. Para Virgolim (2005), *pessoa com altas habilidades* e *superdotado* são mais apropriados para designar aquela criança ou adolescente que apresenta habilidade superior em alguma área do conhecimento, quando comparado a seus pares.

---

4 Na Lei n. 13.234, de 29 de dezembro de 2015 (Brasil, 2015), o termo atual a ser usado é *altas habilidades ou superdotação*. Todavia, em alguns momentos também usaremos o termo *altas habilidades/superdotação* quando nos dirigirmos a aspectos anteriores a 2015.

Alencar e Fleith (2001) ressaltam que a superdotação pode se dar em diversas áreas do conhecimento humano (intelectual, social, artística etc.), num *continuum* de habilidades, em pessoas com diferentes graus de talento, motivação e conhecimento. Logo, algumas pessoas demonstram um talento significativamente superior à população em geral em algum campo, ao passo que outras demonstram um talento menor, nesse mesmo *continuum* de habilidades, mas o suficiente para destacá-las ao serem comparadas com a população geral (Virgolim, 1997).

A legislação brasileira destaca que os educandos com altas habilidades ou superdotação são aqueles que apresentam "grande facilidade de aprendizagem que os leve a dominar rapidamente conceitos, procedimentos e atitudes" (Brasil, 2001c).

Nossa legislação está ancorada, por exemplo, nas pesquisas de um dos grandes autores da área, o psicólogo Joseph Renzulli (1936-). Segundo esse estudioso, as pessoas que, no desenrolar da história, foram reconhecidas por suas contribuições únicas, originais e criativas apresentavam um conjunto bem definido de traços, a saber: a habilidade acima da média em alguma área do conhecimento, no envolvimento com a tarefa ou sua acentuada criatividade (Renzulli, 1986).

De acordo com Virgolim (2005), o conceito de habilidade acima da média construído por Renzulli (1986) consiste na capacidade de utilizar o pensamento abstrato ao processar informação e de integrar experiências que resultem em respostas apropriadas e adaptáveis a novas situações. Em geral, essas habilidades são medidas por meio de testes de aptidão e de inteligência, como raciocínio verbal e numérico, relações espaciais, memória e fluência verbal. Habilidades específicas consistem na capacidade de aplicar várias combinações das habilidades gerais a uma ou mais áreas especializadas do conhecimento ou do desempenho humano, como dança, fotografia, liderança, matemática, composição musical etc.

> O envolvimento com a tarefa se refere à energia que o indivíduo investe em uma área específica de desempenho e que pode ser traduzido em termos como perseverança, paciência, autoconfiança e crença na própria habilidade de desenvolver um trabalho. Trata-se de um ingrediente muito presente naqueles indivíduos que se destacam por sua produção criativa. (Virgolim, 2005, p. 86, tradução nossa)

Como não se trata de uma patologia clínica, para ter direito ao AEE de enriquecimento curricular dentro das salas de recursos multifuncionais (SRM), não são requeridos laudos médicos dos estudantes superdotados. O estudante precisa passar, ou estar passando, pelo processo de identificação, o qual é feito com a aplicação de inventários de indicadores de altas habilidades[5] pelo professor do atendimento ou com uma avaliação psicoeducacional. Os inventários variam conforme a proposta de cada estado, e a avaliação varia conforme os critérios de cada profissional. Contudo, no caso de uma avaliação psicoeducacional, esta precisa ser realizada por profissionais especializados na área, para que não se atenham apenas ao quociente de inteligência (QI) do estudante, mas avaliem todas as suas áreas de maior potencial.

Na psicologia, durante muito tempo as ideias psicométricas, que tinham por objetivo a aplicação de testes e a verificação

---

[5] Sobre esse tema, consulte Freitas e Pérez (2016).

de seus resultados, foram parâmetro para designar se uma criança era superdotada ou não. Hoje, graças a pesquisas como as de Renzulli, reconhece-se que nem sempre o estudante superdotado tem um QI acima da média, pois, se for extremamente criativo ou expressar suas habilidades em áreas artísticas e musicais, por exemplo, a aplicação isolada desse tipo de teste não é suficiente para detectar suas habilidades, uma vez que seus aspectos não abordam nem mensuram esse tipo de habilidade.

Síntese

Neste capítulo, trabalhamos as concepções de deficiência, transtornos globais do desenvolvimento (TGD) e altas habilidades ou superdotação, apresentando brevemente as características mais relevantes de cada uma delas e identificando as principais dificuldades e aspectos que caracterizam a pessoa PAEE.

Identificamos também os aspectos relacionados às deficiências intelectual, visual, física e auditiva, mostrando que cada uma delas requer adaptações físicas e educacionais específicas, de acordo com a necessidade de cada estudante e de sua condição em relação aos seus limites.

Também comentamos as deficiências múltiplas, as quais podem ser combinadas de diversas maneiras. Assim, é importante que especialistas médicos e profissionais especializados avaliem qual deficiência é predominante e que iniciem o quanto antes o trabalho de adaptação e estimulação para que a pessoa desenvolva outros sentidos e habilidades para reconhecer e compreender o mundo a seu redor.

Quanto à estimulação, também evidenciamos que, quando realizada precocemente, ela pode melhorar muito a condição da pessoa com síndrome de Down, tendo em vista que, dessa forma, muitas de suas dificuldades podem ser minimizadas ou superadas, proporcionando uma relação educacional e social bastante produtiva.

Mostramos, ainda, que não há distinção entre os termos *altas habilidades* e *superdotação* e que os estudantes considerados superdotados também são PAEE – portanto, têm direito ao AEE, na modalidade de enriquecimento curricular com foco em suas áreas de interesse. Esse trabalho é muito importante, tendo em vista que, sempre que possível, deve ser estimulado o potencial de todos os estudantes, proporcionando ambientes de pesquisa, desenvolvimento da criatividade e da autonomia para que eles possam produzir ou criar novas descobertas em suas jornadas acadêmicas.

Indicações culturais

O MILAGRE de Anne Sullivan. Direção: Arthur Penn. EUA, 1962. 106 min.

> O filme narra a história de Anne Sullivan, uma determinada professora, que tenta proporcionar a Helen Keller, uma garota cega, surda e muda, uma melhor compreensão do mundo e de tudo o que a cerca. Para tal empreitada, ela entra em confronto com os pais da menina, que sempre sentiram pena da filha por verem nela uma criança frágil e incapaz devido a suas deficiências. O roteiro conta a trajetória dessas duas grandes

personagens que, com seu brilhantismo e entusiasmo, entraram para a história, por sua perseverança e amor pelo processo de ensino e aprendizagem.

RAIN Man. Direção: Barry Levinson. EUA, 1989. 133 min.

Esse filme conta a história de Raymond e seu irmão Charlie, que recebe a notícia da morte de seu pai e retorna à cidade natal para buscar sua herança, mas descobre que tem um irmão autista com o qual não teve muito contato e que seu pai deixou uma herança de 3 milhões de dólares à instituição onde ele reside. Tomado pela ganância em ficar com o dinheiro para si, ele decide levar Raymond até Los Angeles para que, com a ajuda de seus advogados, possa ter sua parte e se livrar da custódia do irmão. Contudo, durante a viagem, Charlie reconhece que seu irmão pode não ter as habilidades que ele desejaria, mas que nem por isso é menos digno de seu amor e compaixão.

Atividades de autoavaliação

1. De acordo com o Decreto n. 5.296/2004 (Brasil,2004), a deficiência mental, atualmente denominada *deficiência intelectual*, refere-se:
    a) a uma deficiência cromossômica, pela ocorrência de três (trissomia) cromossomos 21.
    b) às pessoas que possuem desde visão fraca ou baixa visão, até aquelas que conseguem distinguir apenas luzes.

c) à alteração completa ou parcial de um ou mais segmentos do corpo humano, acarretando o comprometimento da função física.

d) ao funcionamento intelectual significativamente inferior à média, com manifestação antes dos 18 anos e limitações associadas a duas ou mais áreas de habilidades adaptativas.

e) à alteração completa ou parcial de um ou mais segmentos do corpo humano, acarretando o comprometimento da função da fala.

2. A síndrome de Down é uma condição genética conhecida há mais de um século. John Langdon Down diferencia três tipos principais dessa alteração cromossômica. Assinale, a seguir, a alternativa que **não** apresenta um tipo de síndrome de Down:
   a) Trissomia livre.
   b) Translocação.
   c) Autismo.
   d) Mosaicismo.
   e) Trissomia 21.

3. Sobre a deficiência física, assinale a alternativa correta:
   a) Na inclusão da pessoa com deficiência física, as adaptações serão muito mais acadêmicas do que arquitetônicas e práticas.
   b) Não há necessidade de adaptação do material didático no caso de deficiência física.
   c) A deficiência física corresponde exclusivamente a uma alguma limitação na movimentação dos membros superiores.

d) A deficiência física consiste exclusivamente em uma limitação na movimentação dos membros inferiores.

e) Na maioria das vezes, a inteligência fica preservada, com exceção dos casos em que células da área de inteligência são atingidas no cérebro.

4. Diferentemente de outros transtornos, o desenvolvimento da criança no início da primeira infância é normal. Contudo, a medida em que ela cresce, vão surgindo o déficit no desenvolvimento da linguagem expressiva e receptiva. Ocorre uma desaceleração do desenvolvimento do crânio e, com isso, a consequente perda dos movimentos propositais das mãos e sua torção. Também há um aumento da quantidade de ar nos pulmões, o que leva quase sempre a um retardo mental grave. A qual distúrbio essa descrição se refere?

a) Síndrome de Rett.
b) Autismo.
c) Deficiência múltipla.
d) Síndrome de Down.
e) Altas habilidades.

5. Analise as sentenças a seguir e marque a alternativa correta:

I) *Pessoa com altas habilidades* e *superdotado* são termos mais apropriados para designar aquela criança ou adolescente que apresenta habilidade superior em alguma área do conhecimento quando comparado a seus pares.

II) Como têm uma patologia clínica, para ter direito ao atendimento educacional especializado (AEE) de enriquecimento curricular nas SRMs, os estudantes superdotados precisam apresentar laudos médicos.

III) Nem sempre o estudante superdotado tem um QI acima de 130, pois, se o estudante for extremamente criativo ou expressar suas habilidades em áreas artísticas e musicais, por exemplo, a aplicação desse tipo de teste não é suficiente para detectar suas habilidades.

Está(ão) correta(s) apenas a(s) afirmativa(s):

a) I e II.
b) I e III.
c) II e III.
d) I.
e) II.

Atividades de aprendizagem

Questões para reflexão

1. Escolha uma das concepções apresentadas no capítulo e escreva as principais informações que você adquiriu a respeito dela.

2. Visite uma escola próxima a sua casa (aquela em que você estudou, se possível) e entreviste um dos profissionais da equipe pedagógica perguntando:
    - Esta escola é considerada uma instituição inclusiva?
    - Quantos alunos inclusos há?
    - Quais são seus diagnósticos?
    - Os professores do ensino regular realizam as adaptações necessárias para a promoção da aprendizagem desses alunos?

- Como são realizadas as adaptações materiais e arquitetônicas?
- Os estudantes incluídos apresentam um bom aproveitamento acadêmico?

Após a entrevista, escreva um relatório com as informações adquiridas.

Atividade aplicada: prática

1. Se a escola que você visitou para realizar a atividade anterior dispuser de uma sala de recursos, agende antecipadamente um horário com o profissional responsável e realize a seguinte entrevista:

   - Você considera esta escola uma instituição inclusiva?
   - Quantos alunos inclusos você tem no AEE?
   - Quais são seus diagnósticos?
   - Os professores do ensino regular realizam as adaptações necessárias para a promoção da aprendizagem desses alunos?
   - Há diálogo entre você, profissional do AEE, e os professores do ensino regular? Como isso ocorre?
   - Como são realizadas as adaptações materiais e arquitetônicas?
   - Os estudantes incluídos apresentam um bom aproveitamento acadêmico?
   - O que você considera que seria preciso mudar para que a inclusão fosse mais efetiva em sua escola?

   Após a entrevista, escreva um relatório com as informações adquiridas.

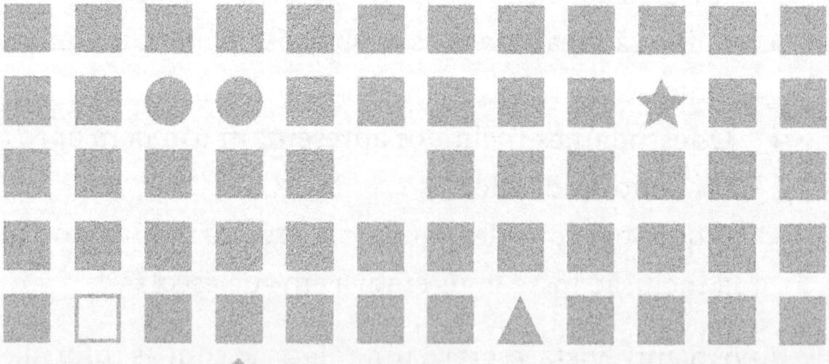

Capítulo 4
Procedimentos didático-metodológicos dos contextos comum e especial

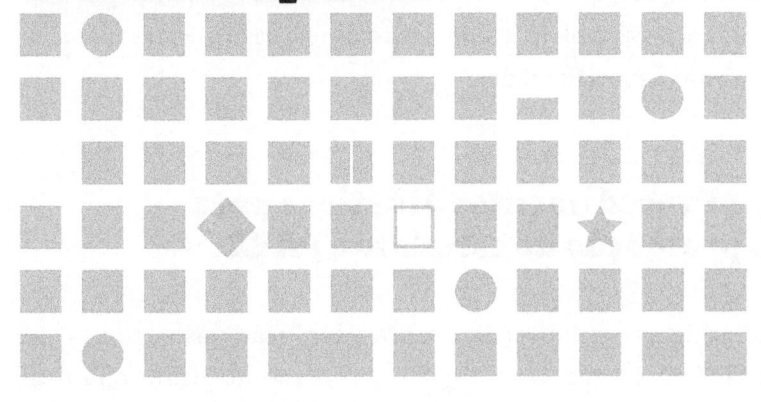

Depois de termos versado sobre os estudantes público-alvo da educação especial (PAEE) e algumas de suas especificidades, neste capítulo discorreremos sobre os procedimentos didáticos e metodológicos aplicados nos contextos comum e especial, ou seja, nas salas de recursos multifuncionais (SRM) em que ocorrem os atendimentos especializados e as adaptações feitas no ensino regular para auxiliar o estudante a ter um melhor aprendizado.

Para tanto, um novo termo precisa ser inserido em nosso vocabulário, qual seja: *tecnologia assistiva*. Detalharemos sua definição, seu histórico, seus principais recursos e como se podem adaptar, de maneira simples, objetos do cotidiano do aluno com o propósito de melhorar sua condição de aprendizagem.

Além disso, trataremos do Plano de Trabalho Individualizado (PTI), ou Plano de Ensino Individualizado (PEI), como uma estratégia legal de adaptação curricular que visa respeitar as dificuldades do estudante e promover suas potencialidades. Esse modelo de plano precisa ser desenvolvido para todos os estudantes PAEE, com o objetivo de auxiliar professores regulares e o professor especialista na elaboração de estratégias que possam desenvolver academicamente os estudantes inclusos, em suas especificidades.

4.1 Procedimentos didáticos para a promoção do estudante PAEE

Quando as primeiras leis sobre a inclusão das pessoas com deficiência no contexto regular de ensino surgiram, ouviu-se muito pelos corredores das escolas a justificativa, por parte de alguns professores, de que não haviam estudado para atender a tal demanda ou que não tinham feito essa escolha. Hoje, porém, essa é uma explicação – e porque não dizer, uma desculpa – sem fundamento, pois todos os estudantes têm direito ao acesso à matrícula e ao ensino de qualidade voltados a suas especificidades, sendo considerado crime negar a matrícula a um estudante por sua condição.

Infelizmente, não há como transcrever aqui uma receita ou um guia a ser seguido para que todas as aulas sejam inclusivas e para que todos os estudantes consigam apreender todos os conteúdos trabalhados. Contudo, apresentaremos algumas sugestões e faremos alguns apontamentos sobre procedimentos que podem ajudar a tornar as aulas mais acessíveis e efetivas.

Primeiramente, como já afirmamos, ao receber um estudante PAEE, o professor tem de ler os laudos, os relatórios e demais materiais que compõem a vida escolar do aluno. Depois, é preciso conversar com a criança ou adolescente questionando quais suas expectativas para o ano em sua disciplina, suas dificuldades e suas maiores habilidades, suas áreas de interesse, bem como qual considera sua melhor forma de aprender – lendo, ouvindo, vendo vídeos, interagindo com os colegas ou em silêncio; enfim, é importante adquirir o máximo de informações possíveis antes de planejar a aula.

Também é interessante conversar com colegas de trabalho que já tenham lecionado para esse estudante a fim de identificar o que já foi feito para a promoção de sua aprendizagem. No entanto, há de se ter muito cuidado com essas informações, tendo ciência de que o intuito é promover a aprendizagem, não julgar os estudantes e suas famílias.

O passo seguinte é planejar as atividades. Cada estudante, dependendo de sua patologia ou condição, precisará de recursos específicos para acompanhar suas aulas, como intérprete de Libras (Língua Brasileira de Sinais), carteira adaptada, prancha de comunicação, computador ou outro instrumento para registrar conteúdo, ou o auxílio de um professor de apoio à comunicação (PAC) ou professor de apoio educacional especializado (PAEE). De modo geral, porém, algumas mudanças simples na abordagem e na avaliação dos conteúdos podem ajudar o estudante a compreender melhor o que está sendo estudado e a apresentar melhores resultados avaliativos.

Nesse sentido, seguem algumas condutas benéficas:

- Falar sempre de forma clara e precisa, sem o uso de gírias ou palavras de duplo sentido que dificultem o entendimento de pessoas que não compreendem sarcasmo ou ambiguidade.
- Ao escrever algo no quadro, principalmente quando tiver alunos cegos na sala, dizer que está se dirigindo ao quadro e o que está escrevendo.
- Ao trabalhar com alunos surdos, pronunciar com calma as informações de uma explicação importante para que o intérprete tenha tempo de reproduzir com clareza e precisão o que está sendo dito.
- Orientar os estudantes PAEE a se sentarem perto do local ocupado pelo professor, pois, caso tenham alguma dúvida ou apresentem alguma dificuldade, podem solicitar ajuda mais facilmente.

- Mesmo que o estudante seja acompanhado por um professor PAC ou PAEE, estar atento às dúvidas dele. Os professores da educação especial são especialistas nessa área, e não em matérias específicas. Logo, se o estudante tiver alguma dúvida sobre a disciplina de algum professor, cabe a este a explicação do conteúdo. O professor de apoio, ao notar que o estudante acompanhado está com dúvidas, deve levantar a mão e pedir ao professor da disciplina uma nova explicação.
- Ao elaborar provas e trabalhos, considerar as necessidades do estudante e pensar se o formato de atividade planejado será capaz de mensurar a aprendizagem dele. Em alguns momentos, avaliações verbais, produções de vídeos, áudios ou uma outra atividade diferenciada podem ser um melhor instrumento.
- Caso o estudante tenha condições físicas e intelectuais de responder a uma avaliação escrita, priorizar frases simples e questões diretas para facilitar a leitura e a compreensão do que está sendo solicitado. Avaliações com questões objetivas também são uma boa opção, desde que se considere essas orientações e que não sejam muito extensas. Aqui vale fazer um alerta: adaptar uma avaliação não é apenas reduzir seu tamanho ou o número de questões. É repensar toda a forma de avaliar o conteúdo considerando as especificidades do estudante incluso e sua maneira particular de aprender.

Feitas essas observações, passaremos agora à apresentação do histórico dos recursos e das tecnologias que podem ser utilizados para facilitar o acompanhamento das aulas e dos conteúdos trabalhados por parte dos estudantes PAEE.

4.2 Histórico da tecnologia assistiva no Brasil

Antes de definirmos o termo *tecnologia assistiva* (TA) voltado para a educação especial, destacamos que a utilização desses recursos remonta aos primórdios da história da humanidade ou até mesmo da Pré-História, se considerarmos que qualquer galho de árvore empregado como uma bengala improvisada pode ser caracterizado como um recurso de TA, tendo em vista os benefícios proporcionados ao usuário.

Uma das primeiras discussões a esse respeito no Brasil, na defesa da utilização da expressão *tecnologia assistiva*, é a do pesquisador Romeu Sassaki, que, em 1996, já se preocupava com a temática. Em suas palavras:

> Mas como traduzir assistive technology para o português? Proponho que esse termo seja traduzido como tecnologia assistiva pelas seguintes razões: Em primeiro lugar, a palavra assistiva não existe, ainda, nos dicionários da língua portuguesa. Mas também a palavra assistive não existe nos dicionários da língua inglesa. Tanto em português como em inglês, trata-se de uma palavra que vai surgindo aos poucos no universo vocabular técnico e/ou popular. É, pois, um fenômeno rotineiro nas línguas vivas. Assistiva (que significa alguma coisa "que assiste, ajuda, auxilia") segue a mesma formação das palavras com o sufixo "tiva", já incorporadas ao léxico português. [...] Nestes tempos em que o movimento de vida independente vem crescendo rapidamente em todas as partes do mundo, o tema tecnologia assistiva insere-se obrigatoriamente nas conversas, nos debates e na literatura. Urge,

portanto, que haja uma certa uniformidade na terminologia adotada, por exemplo com referência à confecção/fabricação de ajudas técnicas e à prestação de serviços de intervenção tecnológica junto a pessoas com deficiência. (Sassaki, 2006, p. 12)

Nesse sentido, o processo de apropriação e sistematização do conceito e a classificação de TA ainda é muito recente no Brasil. A própria expressão *tecnologia assistiva* com frequência é substituída por *ajudas técnicas* e *tecnologias de apoio*, como sinônimos ou com poucas diferenças práticas entre os termos. Alguns autores consideram que as expressões *tecnologia assistiva* e *tecnologia de apoio* se refiram a um conceito mais amplo, que abranja tanto os dispositivos quanto os serviços e as metodologias, ao passo que a expressão *ajudas técnicas* se referiria apenas aos recursos, aos dispositivos de tecnologia assistiva (Galvão Filho, 2009).

Legalmente, uma das primeiras ações educacionais em TA data de 2002, com o Programa Nacional de Apoio ao Aluno com Deficiência Física. Nesse período, foi lançado, pela Secretaria de Educação Especial (Seesp) do Ministério da Educação (MEC) (Brasil, 2002b), o primeiro fascículo da publicação designada *Portal de ajudas técnicas para a educação*. O referido documento trata dos recursos pedagógicos adaptados, para servir como auxílio para o professor no sentido de facilitar o processo de ensino e aprendizagem dos alunos com deficiência.

Posteriormente, em 2004, foi publicado o segundo fascículo da série, com recursos para comunicação alternativa. Nesse mesmo ano, foi promulgado o Decreto n. 5.296, de 2 de dezembro de 2004, que, em seu art. 8º, definiu *ajudas técnicas* como "produtos, instrumentos, equipamentos ou tecnologia adaptados ou especialmente projetados para melhorar a funcionalidade da pessoa portadora de deficiência ou com mobilidade reduzida, favorecendo a autonomia pessoal, total ou assistida" (Brasil, 2004).

No art. 65 do Decreto n. 5.296/2004 consta que cabe ao Poder Público a viabilização do "reconhecimento da área de ajudas técnicas como área de conhecimento" (Brasil, 2004). Esse mesmo documento previa a criação do Comitê de Ajudas Técnicas, o qual foi instalado no ano de 2006. O comitê, por sua vez, deu andamento a suas ações, entre as quais podemos citar o levantamento e a revisão bibliográfica sobre ajudas técnicas, TA, tecnologias de apoio, conceitos e definições sobre o tema.

Conforme determina o art. 1º da Portaria 142, de 16 de novembro de 2006 (Brasil, 2006), que instituiu o comitê, este é responsável por:

I – elaborar e aprovar o Regimento Interno e o Plano de Ação do Comitê de Ajudas Técnicas;
II – monitorar o cumprimento das ações e medidas constantes no Plano de Ação do Comitê de Ajudas Técnicas;
III – apresentar propostas de políticas governamentais e parcerias entre a sociedade civil e órgãos públicos referentes à área de ajudas técnicas;
IV – estruturar as diretrizes da área de conhecimento;
V – realizar levantamento dos recursos humanos que atualmente trabalham com o tema;
VI – detectar os centros regionais de referência em ajudas técnicas, objetivando a formação de rede nacional integrada;

VII – estimular nas esferas federal, estadual, municipal, a criação de centros de referência em ajudas técnicas;

VIII – propor a criação de cursos na área de ajudas técnicas, bem como o desenvolvimento de outras ações com o objetivo de formar recursos humanos qualificados na área; e

IX – propor a elaboração de estudos e pesquisas relacionados com o tema de ajudas técnicas.

Em dezembro de 2007, o Comitê se reuniu novamente e definiu a TA tendo como referência os estudos anteriores que subsidiaram as bases conceituais. Nesse encontro, ficou definido que:

> Tecnologia Assistiva é uma área do conhecimento, de característica interdisciplinar, que engloba produtos, recursos, metodologias, estratégias, práticas e serviços que objetivam promover a funcionalidade, relacionada à atividade e participação, de pessoas com deficiência, incapacidades ou mobilidade reduzida, visando sua autonomia, independência, qualidade de vida e inclusão social. (Brasil, 2009b)

Essa ainda é a lei que está em vigor em nosso país e graças a ela houve avanços na área da educação especial como um todo, mas nada tão inerente à tecnologia assistiva e aos recursos metodológicos voltados à adaptação para a promoção das pessoas PAEE. Nesse sentido, após clarificarmos o termo, passaremos para a apresentação de alguns recursos e tecnologias que auxiliam no trabalho em sala de aula com os estudantes inclusos.

4.3 Tecnologia assistiva e outros recursos metodológicos

Contextualizando as tecnologias que dão assistência e têm por objetivo promover maior conforto ou bem-estar às pessoas, percebemos que esses recursos estão mais próximos do que podemos imaginar e que, muitas vezes, eles não atendem apenas à demanda da educação especial. De acordo com Manzini (2005, p. 82):

> Os recursos de tecnologia assistiva estão muito próximos do nosso dia a dia. Ora eles nos causam impacto devido à tecnologia que apresentam, ora passam quase despercebidos. Para exemplificar, podemos chamar de tecnologia assistiva uma bengala, utilizada por nossos avós para proporcionar conforto e segurança no momento de caminhar, bem como um aparelho de amplificação utilizado por uma pessoa com surdez moderada ou mesmo veículo adaptado para uma pessoa com deficiência física.

Logo, a falta de apoio financeiro não pode ser uma desculpa para deixar de realizar pequenas adaptações que podem facilitar o dia a dia educacional dos estudantes. É claro que existem recursos que dependem de investimento, mas, muitas vezes, materiais pensados e construídos pelo próprio professor, voltados às necessidades específicas do estudante, podem auxiliá-lo a aprimorar suas habilidades.

Algumas adaptações simples que podemos citar são: suportes para visualização de textos ou livros; fixação do papel ou do caderno na mesa com fitas adesivas ou grampos; engrossadores de lápis ou caneta confeccionados com esponjas enroladas e amarradas; grampos que apoiam o lápis na mão do estudante; substituição da mesa por pranchas de madeira ou acrílico fixadas na cadeira de rodas.

Segundo os autores Sant'Anna e Zulian (2006, p. 947),

> a Tecnologia Assistiva se compõe de recursos e serviços. Os recursos são todo e qualquer item, equipamento ou parte dele, produto ou sistema fabricado em série ou sob medida utilizado para aumentar, manter ou melhorar as capacidades funcionais das pessoas com deficiência. Os serviços são definidos como aqueles que auxiliam diretamente uma pessoa com deficiência a selecionar, comprar ou usar os recursos acima definidos. Recursos podem variar de uma simples bengala a um complexo sistema computadorizado. Estão incluídos brinquedos e roupas adaptadas, computadores, softwares e hardwares especiais, que contemplam questões de acessibilidade, dispositivos para adequação da postura sentada, recursos para mobilidade manual e elétrica, equipamentos de comunicação alternativa, chaves e acionadores especiais, aparelhos de escuta assistida, auxílios visuais, materiais protéticos e milhares de outros itens confeccionados ou disponíveis comercialmente.

Com base nesse excerto, é possível concluir que nem sempre uma tecnologia assistiva estará voltada apenas às necessidades educacionais. Na definição de Cook e Polgar (2008), uma primeira questão a ser observada é que a tecnologia pode servir a dois grandes objetivos: de ajuda e de ensino. Para eles, inicialmente a tecnologia que ajuda uma pessoa a realizar uma atividade funcional é a tecnologia assistiva, que pode ser usada como parte de um processo educativo ou de reabilitação. Nesse caso, a tecnologia equivale a uma modalidade de educação ou reabilitação, ou seja, trata-se de uma ferramenta para a recuperação ou reabilitação em vez de ser uma parte da pessoa para a realização de atividades da vida cotidiana e funcional.

Uma segunda questão levantada pelos autores é o fato de as TAs ainda poderem ser subdivididas em *alta* e *baixa tecnologia*. A **baixa tecnologia** se define por ser de baixo custo, simples e fácil de fazer, considerando-se que ela pode ser efetuada com adaptações simples ou, mesmo, com a reutilização de materiais. A **alta tecnologia**, por sua vez, refere-se aos dispositivos que são caros, mais difíceis de serem construídos e obtidos, justamente por seu alto valor monetário.

Dito de outro modo, e de acordo com essa distinção, os exemplos de dispositivos de baixa tecnologia englobam desde um simples lápis adaptado até livros ou utensílios de uso diário adaptados; já as cadeiras de rodas motorizadas, os aparelhos auditivos sofisticados e os aparelhos de comunicação eletrônicos são exemplos de alta tecnologia.

Cook e Polgar (2008) apresentam uma terceira questão conceitual, atinente às definições de tecnologias *hard* e *soft*. A principal característica da tecnologia *hard* é a disponibilidade dos dispositivos e equipamentos, ou seja, quando os componentes a serem utilizados estão facilmente disponíveis e podem ser comprados e montados, o que inclui desde uma simples colher que se adapte para ser levada à boca até computadores.

A quarta questão conceitual, segundo Cook e Polgar (2008), refere-se à diferenciação entre equipamentos ou aparelhos (*appliances*) e instrumentos ou ferramentas (*tools*). De acordo com os autores, um equipamento é um dispositivo que proporciona benefícios para o indivíduo independentemente de sua habilidade e nível de deficiência. As ferramentas, por seu turno, demandam competências para sua utilização. Para esclarecer essa distinção, recorremos a alguns exemplos: os óculos, uma cadeira adaptada para o uso de um computador são aparelhos, porque a qualidade do resultado funcional não depende da habilidade do indivíduo; já o êxito de uma manobra de uma cadeira de rodas é classificado como uma ferramenta (Cook; Polgar, 2008).

Portanto, depois de adquirir um equipamento, o usuário tem de aprender a lidar com ele, caso queira melhorar sua *performance* ou deseje fazer uso de todas as suas funcionalidades.

Ainda segundo Cook e Polgar (2008), em alguns casos, o dispositivo pode ser um instrumento ou um aparelho, dependendo de como ele é projetado para ser usado, como um sensor eletrônico para o controle de luzes, por exemplo, que auxilia na vida diária de uma pessoa com deficiência. Ele exige um conjunto relativamente complexo de circuitos eletrônicos que são chamados de *alta tecnologia*. No entanto, esse sistema pode ser configurado de modo que a única qualificação necessária para se operar seja ligá-lo e desligá-lo, caso em que pode ser considerado um dispositivo (Cook; Polgar, 2008).

Assim, o uso de todas as ferramentas que um equipamento oferece, depende do grau de habilidade do usuário. Este, por sua vez, pode fazer uso apenas dos recursos básicos ou se aprimorar e fazer uso de todos os recursos disponíveis de seu equipamento.

A quinta questão conceitual, ainda apresentada por Cook e Polgar (2008), refere-se ao grau de ajuda – parcial ou total – fornecida pelos recursos ou equipamentos de tecnologia assistiva que foi concebida para satisfazer necessidades de um grupo de pessoas. Um exemplo de ajuda parcial se refere a dispositivos que auxiliam ou que melhoram a capacidade de um indivíduo para executar uma tarefa. Por exemplo, uma pessoa com paralisia cerebral pode ser capaz de falar, mas, em algumas ocasiões, seu discurso pode ser de difícil compreensão (Cook; Polgar, 2008). Em casos como este, o sujeito pode precisar de um recurso para facilitar o entendimento das palavras. Em outro exemplo, uma pessoa com problemas respiratórios pode ser capaz de se movimentar pela casa, mas, devido a sua baixa resistência, pode demandar uma cadeira de rodas motorizadas para fazer compras, se locomover até a escola ou até seu local de trabalho.

Contudo, em algumas situações, o usuário de tecnologia assistiva necessita de um recurso que lhe conceda ajuda total, e não apenas em determinados momentos, como citamos anteriormente. Um exemplo de ajuda total se refere a algumas pessoas que não conseguem se comunicar verbalmente e necessitam de um dispositivo para essa atividade. Da mesma forma, alguns indivíduos são totalmente dependentes, para sua mobilidade, de uma cadeira de rodas manual ou motorizada.

No contexto educacional, a melhor TA para um estudante é aquela que corresponde a suas necessidades e promove sua autonomia e independência. Para isso, é aconselhável que o professor analise e compreenda quais são as necessidades específicas do aluno e que, posteriormente, pesquise e planeje que tipo de recursos ou adaptações serão mais eficientes na promoção de sua aprendizagem.

4.4 Recursos adaptados

Os recursos adaptados têm sido tema de muitas pesquisas com alunos PAEE. Os alunos com deficiência física, por exemplo, não conseguem, na maioria dos casos, agarrar e soltar os instrumentos e objetos empregados em tarefas corriqueiras, requerendo fortemente adaptações, muitas delas bastante simples de serem implementadas. Martin, Jáuregui e López (2004) salientam que, nesses casos, os recursos didáticos têm de ser adaptados para atender as especificidades de cada estudante, com o objetivo de facilitar a manipulação desses objetos.

Tais adaptações devem ser aplicadas de modo que os estudantes consigam segurar, agarrar e fazer um bom uso dos instrumentos escolares e, em consequência, alcancem sua independência para aprender.

A respeito desse benefício, Ernica (2007, citado por Verussa, 2009) realizou uma pesquisa com recursos pedagógicos adaptados para deficientes físicos com dois alunos: um matriculado no ensino regular e outro na educação infantil. O objetivo era investigar como esses recursos podem ser utilizados na ação pedagógica do professor para a formação diária do aluno e possibilitar o desenvolvimento socioafetivo, físico e intelectual do estudante, tornando-o mais independente e atuante.

De acordo com Ernica (2007, citada Verussa, 2009, p. 31),

> Para o desenvolvimento da pesquisa foram adaptados vários recursos como: mesa, cadeira de rodas e recursos pedagógicos como prancha de comunicação confeccionada com papel cartão utilizando figuras do programa PCS (picture communication symbols), livro adaptado com viradores de páginas

coloridos e de diferentes tamanhos, lousa mágica, caneta engrossada com tubo de cola bastão e durepox, lápis engrossado com a parte externa de um canetão e durepox.

A autora constatou que

> os recursos estimularam a participação mais efetiva dos alunos nas atividades propostas, possibilitando maior envolvimento e independência na execução das tarefas e desenvolvimento da autoestima, uma vez que, segundo a autora, realçaram as habilidades funcionais em detrimento às suas dificuldades. (Verussa, 2009, p. 31)

Outra importante pesquisa foi a realizada por Leme (2007, citado por Verussa, 2009, p. 31),

> com recursos adaptados, para alunos com deficiência física, utilizando o dominó confeccionado em madeira, bingo de encaixe, também confeccionado em madeira, e caderno de madeira imantado. Os recursos foram criados para este fim e a autora concluiu que o objetivo pedagógico foi atingido, mas ao mesmo tempo observou-se que os alunos encontraram certas dificuldades, pois os móveis (cadeira e mesas) não estavam adaptados especificamente para cada estudante e os recursos devem ser adequados ao aluno que vai utilizar.

Esses estudos reforçam a importância de adaptar aquilo que seja necessário e a convicção de que cada aluno exige uma adaptação diferente para alcançar sucesso em seu bem-estar e, consequentemente, em sua aprendizagem. Quanto aos recursos, a autora comenta que na confecção do material alguns itens deveriam ser modificados para facilitar a tarefa, pois, mesmo havendo várias formas de conferir ao objeto adaptado um aspecto atrativo e até mesmo lúdico, "é preciso atentar para o fato de que após a confecção de um recurso devemos priorizar a sua funcionalidade e não a estética do mesmo" (Leme, 2007, citado por Verussa, 2009).

Outra pesquisa foi realizada por Dores (2007, citada por Verussa, 2009, p. 31), que se dedicou a analisar "a importância dos recursos adaptados para alunos com deficiência física". A estudiosa fez uso de recursos como quebra-cabeça, dominó de cores e jogos de encaixe, e, como resultado de sua pesquisa, concluiu "que a utilização dos recursos é necessária, contribuindo para o desenvolvimento das capacidades e possibilidades dos alunos e aumenta a potencialidade dos mesmos" (Verussa, 2009, p. 31).

Em síntese, por meio da adaptação de recursos escolares, é possível tornar o cotidiano da criança inclusa mais fácil e mais produtivo. Afinal, ao ter seu material adaptado, sua carteira e recursos que serão utilizados na sala disponíveis de acordo com suas necessidades, ela se sentirá mais segura para executar as atividades e interagir com os demais colegas de sala de aula, aumentando seu desenvolvimento acadêmico e interpessoal.

4.5 Recursos de tecnologia assistiva destinados a pessoas surdas, com deficiência auditiva, cegas ou com deficiência visual

Entre os recursos de TA destinados a pessoas surdas ou com deficiência auditiva, estão os programas tradutores de Libras. Um deles é o *software* Junctus, que articula a língua de sinais e a língua escrita, permitindo que duas formas de representação, vídeo e texto, sejam utilizadas simultaneamente por usuários surdos. O equipamento foi desenvolvido na Universidade de Caxias do Sul (UCS), como trabalho de conclusão do curso de uma turma de ciência da computação (Valentini et al., 2006).

Outro estudo de destaque sobre esse *software* é o de Valentini et al. (2006). Nele, um usuário produz uma narrativa em língua de sinais, cria um texto escrito e, com essa narrativa, utiliza o *software* Junctus para fazer a ligação entre texto e imagem, aprimorando sua habilidade para a escrita. Assim, os critérios de análise dessa pesquisa foram agrupados em duas categorias – interface e pedagógico –, para, após isso, serem realizadas a avaliação e a comparação dos ambientes.

Como proposta de análise, foi apresentado para a participante – uma adulta surda fluente em Libras e com o domínio da língua portuguesa escrita – um exemplo ilustrativo de como realizar ligações entre vídeo e texto utilizando o *software*. Ao final da pesquisa, concluiu-se que a participante não teve dificuldade em realizar, por conta própria, as ligações entre sua história narrada em Libras e seu texto escrito, e que o *software* permite que o surdo se expresse em língua de sinais em primeiro lugar, sendo esse um fator importante por ser esta sua língua materna.

Outra vantagem é que a mesma narrativa pode ser construída em língua escrita, comparada e relacionada com a língua de sinais. Esse recurso considera a relação entre esses dois códigos linguísticos, possibilitando ao usuário estabelecer relações, compreender as diferenças e criar estratégias próprias de uso dessas duas línguas. Também muito utilizado em nosso país é o Dicionário de Libras, em que o usuário digita a palavra ou o texto para ver a tradução *on-line* do português para Libras[1].

O Player Rybená é outro importante recurso disponível. Trata-se de um equipamento nacional capaz de converter qualquer página da internet ou texto escrito em português para a Libras. Já o Torpedo Rybená é um serviço que permite receber e enviar mensagens de texto em Libras; assim, ouvintes podem enviar textos em português aos surdos, e estes recebem a mensagem em Libras.

Lembramos que o intérprete de Libras, presença que deveria ser obrigatória nas salas de aula com alunos surdos (Brasil, 2002), é aquele profissional que interpreta de uma língua fonte para a língua-alvo. O suporte oferecido por esse profissional é uma maneira de minimizar a dificuldade dos surdos dentro da sala de aula.

Com relação aos recursos de TA destinados a pessoas cegas ou com deficiência visual, atualmente os *softwares* mais populares são o Dosvox e o Virtual Vision. O primeiro, o Dosvox, segundo Borges (2005, p. 78):

> é um sistema para microcomputadores da linha PC que se comunica com o usuário através de síntese de voz, que viabiliza o uso de computadores por cegos ou deficientes visuais, que adquirem assim, um alto grau de independência em seu estudo ou no trabalho. O sistema realiza a comunicação com o deficiente visual por meio de síntese de voz em português, e a síntese de textos pode ser configurada para outros idiomas.

---

[1] Para mais informações, consulte: <https://sistemas.cead.ufv.br/capes/dicionario/>.

Esse *software* foi lançado em 1993 pelo Núcleo de Computação Eletrônica da Universidade Federal do Rio de Janeiro (UFRJ) e, apesar de mais tarde ter sido atualizado, ainda apresenta algumas limitações, como a falta de interpretação e entonação nas leituras. De qualquer modo, é muito utilizado na promoção da autonomia das pessoas cegas ou com deficiência visual.

Já o Virtual Vision é um *software* criado segundo solicitações dos usuários, que, notando fragilidades nos sistemas anteriores, buscaram uma empresa que pudesse atender a suas necessidades. Com isso a empresa MicroPower, logo após o lançamento do DeltaTalk, primeiro sintetizador de voz da língua portuguesa, lançou, em janeiro de 1998, a primeira versão do Virtual Vision para Windows 95, Office 95 e Internet Explorer 3.02 (Eberlin, 2006).

Com o intuito de observar as fragilidades sanadas e entender a opinião dos usuários a respeito dessas ferramentas, Miranda e Alves (2001) realizaram uma pesquisa para analisar o que os usuários pensavam a respeito da interação com os sistemas já existentes Dosvox e Virtual Vision; os autores constataram problemas quando da execução de tarefas.

Esse estudo foi realizado na Associação Catarinense de Integração dos Cegos (Acic) com alunos deficientes visuais e uma instrutora de quatro turmas de informática, também deficiente visual. Cada turma tinha, no máximo, sete alunos, cada um usando um microcomputador individual. Concluiu-se, com o estudo, que o sistema Dosvox não consegue acompanhar a escrita dos usuários que digitam rapidamente e que o Virtual Vision para de trabalhar várias vezes ou produz algum erro sem emitir aviso.

Os autores relatam que a análise dos dados demonstrou que, na comparação entre os *softwares*, 70% dos usuários consideram o Dosvox melhor que o Visual Vision, apenas sendo mais limitado quanto à navegação na internet e não deixando a desejar no que diz respeito aos recursos (Eberlin, 2006).

Esses exemplos apontam para a relevância de pesquisas na área da educação especial, especialmente se considerarmos que muito ainda precisa ser realizado para promover a educação e a autonomia social das pessoas com deficiência por meio de TAs ou de outros recursos tecnológicos que possam aumentar a autonomia dessas pessoas (Eberlin, 2006).

Independentemente disso, para que as necessidades desses estudantes sejam atendidas no ambiente escolar, são imprescindíveis leis que assegurem seus direitos à matrícula e à permanência no sistema regular de ensino e que suas especificidades sejam respeitadas, bem como suas potencialidades desenvolvidas. No próximo capítulo, trataremos dessas conquistas e do que ainda é preciso garantir para esse público da educação.

Síntese

Neste capítulo, referimos as possibilidades tecnológicas que auxiliam e promovem a independência da pessoa com deficiência, seja nas salas de aula, seja nos demais ambientes sociais.

Contudo, mostramos que nem sempre essa tecnologia está disponível a todos e que alguns desses recursos ainda estão sendo avaliados pelos usuários em pesquisas específicas, que apontam algumas falhas e dificuldades de uso e demandas por atualização.

Também indicamos que algumas adaptações simples, como engrossar um lápis, ter uma mesa maior, prender o caderno do estudante na mesa, entre outras, são medidas que podem ser tomadas por professores e que auxiliam na inclusão do estudante. Com essas pequenas melhorias, o aluno PAEE consegue se concentrar mais nas aulas e tem maior facilidade para manusear esses instrumentos.

Indicações culturais

FORREST Gump, o contador de histórias. Direção: Robert Zemeckis. EUA, 1994. 140 min.

> Forrest Gump é um incrível contador de histórias com dificuldades intelectuais, mas que nunca se sentiu desfavorecido. Apoiado pela mãe, tem uma vida normal, cheia de grandes ensinamentos. Mas, depois de ficar órfão, Forrest tem de aprender a ser responsável e a cuidar de si. Sua história perpassa vários fatos históricos, seja no campo de futebol, seja na guerra contra o Vietnã, seja ainda como capitão de um barco de camarão. Ele supera todas as dificuldades com sua maneira particular de ver o mundo. Contudo, entre todas essas aventuras, a que mais preocupa o coração do protagonista é a perturbada Jenny, que muda o rumo da história de Forrest.

MEU PÉ esquerdo. Direção: Jim Sheridan. Reino Unido/Irlanda, 1989. 119 min.

> Esse belíssimo filme conta a trajetória de Christy Brown, um menino de uma família humilde de operários irlandeses que nasceu com paralisia cerebral. Tetraplégico, ele é estimulado

pela mãe, que divide seu tempo entre o cuidado com os outros filhos e a atenção especial ao filho deficiente. Em uma de suas atividades, ele demonstra controle de seu pé esquerdo e usa giz para rabiscar uma palavra no chão. Notando a aptidão do filho, a mãe ajuda Christy a superar as limitações físicas e ele se torna pintor, poeta e autor de grande repercussão.

Atividades de autoavaliação

1. O Decreto n. 5.296/2004 previu a criação do Comitê de Ajudas Técnicas, o qual foi instalado no ano de 2006. O comitê deu, então, andamento a suas ações, entre as quais estão o levantamento e a revisão bibliográfica sobre ajudas técnicas, a tecnologia assistiva, as tecnologias de apoio, os conceitos e as definições sobre o tema. Qual das alternativas a seguir **não** diz respeito a uma responsabilidade do comitê:
   a) Elaborar e aprovar o Regimento Interno e o Plano de Ação do Comitê de Ajudas Técnicas.
   b) Apresentar propostas de políticas governamentais e parcerias entre a sociedade civil e órgãos públicos referentes à área de ajudas técnicas.
   c) Desenvolver, nas esferas federal, estadual, municipal, aplicativos para celulares com sistema IOS voltados às ajudas técnicas.
   d) Monitorar o cumprimento das ações e medidas constantes no Plano de Ação do Comitê de Ajudas Técnicas.
   e) Estruturar as diretrizes da área de conhecimento.

2. Analise as afirmativas a seguir a respeito das especificidades dos alunos PAEE:

   I) Ao receber um estudante PAEE, é importante ler os laudos, relatórios e demais materiais que compõem sua vida escolar e, depois, conversar com ele, questionando quais são suas expectativas para o ano em suas disciplinas, suas dificuldades e suas maiores habilidades, suas áreas de interesse e qual ele considera sua melhor forma de aprender.

   II) Cada estudante, dependendo de sua patologia ou condição, precisará de recursos específicos para acompanhar as aulas, como intérprete de Libras, carteira adaptada, prancha de comunicação etc.

   III) Deve-se evitar conversar com outros colegas de trabalho que já tenham lecionado para determinado estudante, pois essas informações podem formar uma visão equivocada da nova aprendizagem.

   Está(ão) correta(s) apenas a(s) afirmativa(s):

   a) I e II.
   b) I e III.
   c) II e III.
   d) II.
   e) I.

3. Sobre a tecnologia assistiva (TA), é correto afirmar que:
   a) estará sempre voltada às necessidades educacionais.
   b) seu conceito pode ser subdividido em alta e baixa tecnologia. A baixa tecnologia se define por ser de baixo custo, simples e fácil de fazer. A alta tecnologia se refere

aos dispositivos que são caros, mais difíceis de serem construídos e de serem obtidos.

c) a falta de apoio financeiro impossibilita a realização de quaisquer adaptações de TA, que podem facilitar o dia a dia educacional de nossos estudantes.

d) A melhor tecnologia assistiva para o estudante é aquela que corresponde a suas necessidades e promove sua dependência tecnológica.

e) o professor de sala ou de apoio não deve realizar adaptações.

4. Contempla as necessidades dos alunos com deficiência física, que, em grande parte, não conseguem agarrar e soltar os instrumentos e objetos empregados em tarefas corriqueiras. Martin, Jáuregui e López (2004) salientam que os recursos didáticos necessitam de diferentes adaptações, conforme a necessidade individual do aluno, para facilitar a manipulação desses recursos. Essa descrição diz respeito a:
  a) tecnologia assistiva.
  b) recursos de tecnologia assistiva destinados a pessoas surdas.
  c) recursos de tecnologia assistiva destinados a pessoas cegas.
  d) recursos adaptados.
  e) coensino.

5. Analise as proposições a seguir e assinale V para verdadeiro e F para falso:
  ( ) A tecnologia que ajuda uma pessoa a realizar uma atividade funcional é denominada *tecnologia assistiva*, que pode ser usada como parte de um processo educativo ou de reabilitação.

( ) Entre os recursos de tecnologia assistiva destinados a pessoas surdas ou com deficiência auditiva, estão os programas tradutores de Libras.

( ) Sobre os recursos de tecnologia assistiva destinados a pessoas cegas ou com deficiência visual, há pesquisas a respeito do uso de *softwares* como o Dosvox e o Virtual Vision.

( ) Dados reforçam que não se devem adaptar os recursos que o aluno utilizará, mas adaptar o aluno à realidade da escola.

Agora, assinale a alternativa que apresenta a sequência correta de preenchimento dos parênteses, de cima para baixo:

a) V, V, F, F.
b) F, F, F, F.
c) V, F, V, F.
d) V, V, V, V.
e) V, V, V, F.

Atividades de aprendizagem

Questões para reflexão

1. Quais são as diferenças entre as tecnologias assistivas (TAs) de baixa tecnologia e de alta tecnologia? Cite cinco exemplos de cada.

2. Pesquise sobre os dois principais programas que auxiliam pessoas cegas ou com deficiência visual, a saber, Dosvox e Virtual Vision, e preencha o quadro comparativo com pontos negativos e positivos de cada um deles.

	Pontos positivos	Pontos negativos
Dosvox		
Virtual Vision		

Atividade aplicada: prática

1. Clara é uma estudante de 10 anos que está sendo inserida em uma nova escola, tendo sido aprovada para o 6º ano do ensino fundamental. Ela apresenta baixa visão, ou seja, enxerga pouco, mas não é possível corrigir isso apenas com o uso de óculos. Ela ainda está fazendo exames para saber o quanto realmente enxerga, pois está sofrendo com uma doença degenerativa. Ela também apresenta dificuldades para andar, pois, no momento de seu nascimento, o parto foi forçado e ela teve a perna esquerda quebrada, fato que nunca foi tratado corretamente, ocasionando um crescimento menor do membro direito.

Imagine que você será o professor de apoio dessa estudante. Que adaptações você faria para que ela se sentisse acolhida e mais segura e confiante no espaço escolar? Lembre-se de sugerir adaptações que sejam aplicadas dentro e fora da sala de aula e adaptações acadêmicas com e sem TA.

Capítulo 5
Flexibilização curricular

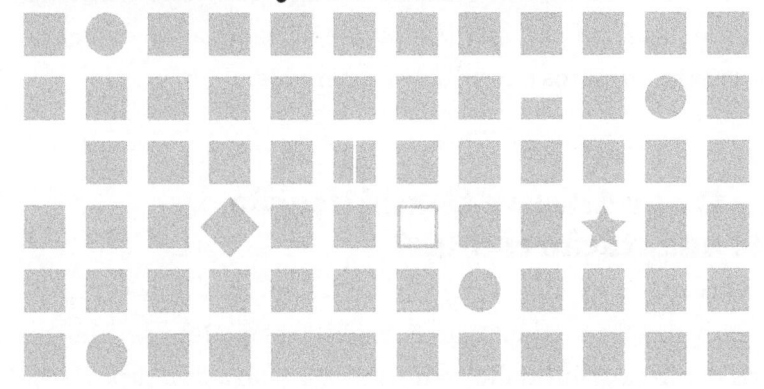

Neste capítulo, versaremos sobre as possibilidades de flexibilização e adaptação curricular para dar suporte às especificidades de aprendizagem dos estudantes inclusos de modo a garantir uma aprendizagem significativa. Para tanto, apresentaremos a adaptação e a flexibilização curricular como estratégias, quando necessário, para tornar os conteúdos apropriados às peculiaridades dos alunos PAEE.

Comentaremos os diferentes estilos de aprendizagem como um recurso adicional para que o professor conheça seu aluno e reconheça nele seu melhor estilo de aprender, com o intuito de adaptar os conteúdos e as atividades rumo a um aprendizado exitoso.

Apresentaremos algumas sugestões de atividades que possam ser facilmente realizadas em sala pelo professor regular ou pelos professores de apoio, considerando os estilos de aprender de cada um, uma vez que certas alterações podem ajudar no melhor aproveitamento da turma como um todo.

Por fim, trataremos das avaliações dos estudantes público-alvo da educação especial (PAEE). A esse respeito, mencionaremos adaptações que podem ser realizadas com o objetivo de entender o que o aluno compreendeu do conteúdo ensinado, com vistas a seu progresso pessoal, e não apenas na comparação entre números e resultados esperados.

5.1 O que difere a flexibilização da adaptação escolar?

Flexibilização e adaptação curriculares podem ser definidas como possibilidades educacionais para dar suporte às especificidades de aprendizagem de estudantes PAEE. Elas devem ser realizadas quando o estudante não consegue atingir os resultados de aprendizagem esperados, de forma a tornar o ensino apropriado a suas peculiaridades.

Atualmente, essa é uma temática presente nas políticas públicas educacionais, bem como nos saberes e nas práticas a serem desenvolvidos em todos os ambientes escolares, tendo em vista as necessidades de adequação do currículo para a efetivação da inclusão educacional.

Na prática, a expressão *adaptar* diz respeito à redução do conteúdo para alguns estudantes sob a alegação de que estes não têm condições de aprender da mesma forma que os demais. Isso não seria correto, pois "a inclusão implica em oferecer uma mesma proposta ao grupo como um todo e, ao mesmo tempo, atender às necessidades de cada um, em especial daqueles que correm risco de exclusão em termos de aprendizagem e participação" (Alonso, citado por Antun, 2017). Dito de outro modo, o que deve ocorrer é o planejamento e a organização de diferentes **estratégias pedagógicas** que atendam aos aspectos individuais do estudante, respeitando a complexidade dos conteúdos e a temporalidade desse indivíduo para acessar o currículo. Em suma, não se trata de fazer uma exclusão de algum dos conteúdos.

Já o termo *flexibilizar* sugere oposição ao que é fixo, rígido, fechado. Para Antun (2017 p. 4),

> no contexto educacional, flexibilizar significa garantir o direito à diferença no currículo. Implica a busca pela coesão da base curricular comum com a realidade dos estudantes, suas características sociais, culturais e individuais – incorporando

assim também os diferentes modos de aprender e as múltiplas inteligências presentes em sala de aula.

Contudo, esse movimento com vistas a atender às especificidades dos estudantes é uma tendência internacional, que envolve o respeito às diferenças individuais dos discentes, considerando seus aspectos particulares e contribuindo para sua promoção educacional. Acerca dessa temática, a Declaração de Salamanca prevê, segundo Garcia (2007, citado por Portal Educação, 2020):

- Sistemas educacionais flexíveis e adaptados para atender às diferentes necessidades educacionais e contribuir para a educação e a inclusão;
- Currículos adaptados às crianças e não o contrário;
- Estratégias de flexibilidade: diversificar opções de aprendizagem, favorecer a ajuda entre as crianças, e oferecer suportes necessários à aprendizagem e à convivência familiar e comunitária às pessoas com deficiência.

Assim, não se trata de criar um novo currículo nem de descartar conteúdos, mas de fazer do currículo algo dinâmico, alterável e passível de ampliação e modificações necessárias, para que atenda realmente a todos em suas diferentes necessidades.

A legislação brasileira assegura esse direito desde 2001, por meio do Conselho Nacional de Educação (CNE) e da Câmara de Educação Básica (CEB) que instituiu, na Resolução n. 2, de 11 de setembro de 2001 (Brasil, 2001c), o desafio da construção de sistemas educacionais inclusivos. Para isso, estabelece uma nova proposta para a democratização do ensino, uma vez que, em seu art. 8º, inciso III, assegura

III – flexibilizações e adaptações curriculares que considerem o significado prático e instrumental dos conteúdos básicos, metodologias de ensino e recursos didáticos diferenciados e processos de avaliação adequados ao desenvolvimento dos alunos que apresentam necessidades educacionais especiais, em consonância com o projeto pedagógico da escola. (Brasil, 2001c, p. 2)

O documento *Projeto Escola Viva: garantindo o acesso e permanência de todos os alunos na escola*, de 2000, em seus volumes 5 e 6, trata das adaptações curriculares e as subdivide em adaptações de grande porte e adaptações de pequeno porte. O primeiro grupo compreende "ações que são da competência e atribuição das instâncias político-administrativas superiores "(Brasil, 2000a, p. 9). Estas "exigem modificações que envolvem ações de natureza política, administrativa, financeira, burocráticas etc." (Brasil, 2000a, p. 9). A segunda classificação diz respeito a "modificações menores, de competência específica do professor. Elas configuram pequenos ajustes nas ações planejadas a serem desenvolvidas no contexto da sala de aula" (Brasil, 2000a, p. 19).

É importante que o professor esteja atento a seu alunado e observe se há participação de todos em suas aulas, se seu objetivo foi atingido pelos discentes ou se será necessário um maior apoio ou adaptação para eles. Salientamos que, além das leis que asseguram esses direitos, o professor, como profissional que prioriza o conhecimento, deve conceber a educação como um ato social. Sua função é contribuir para a formação global de todos os seus alunos, criando condições que propiciem não apenas a aquisição do conhecimento, mas também a efetivação de uma escola inclusiva, que desenvolva um conjunto de competências inerentes ao exercício de uma cidadania ativa.

As adaptações realizadas pelo professor podem ser, ainda, de conteúdo, de métodos de ensino ou de material.

Na adaptação de um conteúdo, é imperioso

> que as adaptações significativas se desencadeiem a partir dos conteúdos, admitindo-se a possibilidade de que com os conteúdos adaptados, possam-se manter, sem modificar, os objetivos inicialmente estabelecidos. [...] estas adaptações podem ser a **priorização de tipos de conteúdos**, a **priorização de áreas ou unidades de conteúdos**, a **reformulação da sequência de conteúdos**, ou ainda, **a eliminação de conteúdos secundários**, acompanhando as adaptações propostas para os objetivos educacionais. (Carvalho, citado por Lopes, 2008, p. 14; 17, grifo do original)

Para Carvalho (citado por Lopes, 2008, p. 18, grifo do original), as adaptações de método têm por objetivo

> **adaptar o método de ensino** às necessidades de cada aluno é, na realidade, um **procedimento fundamental** na atuação profissional de todo educador, já que **o ensino não ocorrerá, de fato, se o professor não atender ao jeito que cada um tem para aprender**. Faz parte da tarefa de ensinar procurar estratégias que melhor respondam à características e às necessidades peculiares de cada aluno.

Já a adaptação de material pedagógico

> propicia a interação, convivência, autonomia e independência nas ações, no aprendizado de conceitos, melhoria de

autoestima e afetividade do aluno com necessidades educacionais especiais, bem como favorece o aprendizado dos demais alunos da turma, que eles tiverem acesso ou necessitar utilizar. (Carvalho, citado por Lopes, 2008, p. 18)

Nesse sentido, é necessário considerar as diferentes formas de aprender um conteúdo e as diferentes maneiras de se verificar se o conteúdo foi aprendido. Isso porque nem sempre registros, ditados, caligrafia, entre outras técnicas que requerem apenas memória e repetição mecânica, são a melhor opção para a avaliação do potencial e das habilidades que o aluno apresenta. A seguir, apresentaremos algumas informações sobre as vias de aquisição de conhecimento, os chamados *estilos de aprendizagem*.

5.2 Estilos de aprendizagem

Em uma sala de aula, enquanto o professor está explicando um conteúdo ou realizando uma atividade, os estudantes apresentam diferentes comportamentos. Há aqueles que se incomodam com os ruídos e pedem constantemente que os outros se calem; aqueles que ficam desenhando ou ouvindo música; os que se levantam e outros que parecem estar totalmente desligados do que está acontecendo. E é possível aprender dessa maneira?

A resposta é: Sim!

Aquela sala de aula com todos os estudantes devidamente uniformizados, sentados um atrás do outro com o olhar atento ao professor já não é mais a realidade dos dias de hoje. Em meio a tanta tecnologia e a tantos estímulos visuais, sonoros e cinestésicos que todos recebemos, é natural que haja novas formas de aprender.

Se você pensar na turma com que trabalha atualmente, ou nas turmas que você frequentou quando estava no ensino fundamental ou no ensino médio, certamente se lembrará daqueles alunos que tinham ótimo desempenho em língua portuguesa, outros em matemática, os que adoravam ciências e, ainda, aqueles que não se destacavam academicamente em nenhuma matéria, mas arrasavam nos esportes, nas dramatizações ou nas danças. Pois bem, estes últimos, poderiam ser pessoas com mais facilidade de aprendizagem pelo meio cinestésico, ou seja, que precisam se movimentar, manipular, colocar mesmo a mão na massa para aprender, razão por que, talvez, tivessem um melhor aproveitamento nas atividades que envolvem corpo e movimento.

Embora alguns deles possam realmente ter algum tipo de habilidade acima da média na área esportiva, se o trabalho com os conteúdos do currículo comum fosse realizado com atividades mais práticas e mais exploratórias, talvez esses indivíduos pudessem ter um melhor rendimento também nas disciplinas acadêmicas.

Entre as teorias que se dedicam a explicar os diferentes estilos de aprendizagem, uma das que mais se destacam é a elaborada por Fernald, Keller e Orton-Gilingham – o método VAC (visual, auditivo e cinestésico) –, que "pressupõe que a aprendizagem ocorre por meio dos sentidos visual, auditivo e tátil" (Saldanha; Zamproni; Batista, 2016, p. 1). Dito de outro modo, "a maioria dos estudantes possuiu um estilo preponderante ou predileto para aprender os conteúdos das mais variadas disciplinas, podendo ainda haver alguns em que há a mistura equilibrada dos três estilos" (Saldanha; Zamproni; Batista, 2016, p. 1).

O estilo **visual** corresponde à habilidade de conhecer, interpretar e diferenciar os estímulos recebidos pelo sentido da visão. Os indivíduos que têm essa habilidade conseguem estabelecer relações entre ideias e abstrair conceitos por meio da visualização (Saldanha; Zamproni; Batista, 2016).

Já no estilo **auditivo**, os estímulos recebidos pela palavra falada, sons, ruídos, entre outros, são reconhecidos e interpretados. Os indivíduos com essa habilidade podem diferenciar os estímulos organizando suas ideias, seus conceitos e suas abstrações (Saldanha; Zamproni; Batista, 2016). Assim, é possível considerar que alguém ouvindo música possa estar fazendo uso desse recurso para aprender ou se concentrar em algo.

Por fim, o estilo **cinestésico** corresponde às "habilidades de conhecer, interpretar e diferenciar os estímulos recebidos pelo movimento corporal" (Saldanha; Zamproni; Batista, 2016). Daí a importância de se movimentar, manipular objetos e vivenciar algumas experiências de aprendizagem mediante o tato e o movimento.

Nesse sentido, compreender que os estudantes PAEE precisam ter suas habilidades reconhecidas e seus estilos de aprendizagem identificados é essencial para o desenvolvimento de um trabalho em que as ferramentas e as metodologias de ensino venham ao encontro de suas necessidades educacionais.

Assim, reforçamos que muitos desses estudantes necessitarão de estímulos múltiplos para que o ensino perpasse todos os seus sentidos e realmente se transforme em aprendizagem significativa.

Destarte, é imprescindível que vários estilos de aprendizagem sejam abordados com os discentes, a fim de oferecer novas possibilidades, considerando-se que cada um deles tem estratégias específicas para solucionar problemas, elaborar conclusões e aprender os conteúdos apresentados. Schmeck (1982, citado por Cerqueira, 2000, p. 36) define *estilo de aprendizagem* como "o estilo que um indivíduo manifesta quando se confronta com uma tarefa de aprendizagem especifica. [...] uma predisposição do aluno em adotar uma estratégia particular de aprendizagem, independentemente das exigências específicas das tarefas". Daí a importância de considerar que nem sempre as habilidades dos estudantes PAEE correspondem à expectativa de um modelo de ensino engessado.

Portanto, os estilos de aprendizagem não se reduzem a mais uma teoria educacional entre tantas outras: trata-se de estudos que demonstram que cada pessoa tem uma forma própria de aprender. Por essa razão, técnicas ultrapassadas, como memorização, cruzadinhas, caligrafias e ditados, não são suficientemente exitosas para atingir todos os estudantes. É preciso, então, apresentar o mesmo conteúdo de diferentes formas, garantindo-se a todos a possibilidade de aprendizagem. Nesse sentido, apresentaremos algumas técnicas e ferramentas para adaptar ou flexibilizar materiais e conteúdos que aumentem o aproveitamento dos estudantes PAEE, considerando seus estilos de aprendizagem.

5.3 Diferentes formas de adaptar ou flexibilizar

Primeiramente, é preciso esclarecer que, quando o professor se dispõe a entender a forma como cada um aprende, o objetivo não se reduz a rotular, classificar ou dividir os estudantes, em especial os estudantes da educação especial, já tão marcados por seus diagnósticos, laudos, avaliações e patologias clínicas. Essa é uma medida adicional para ampliar suas possibilidades de ensino de maneira adequada às especificidades de seus estudantes.

Segundo Omote (2005, Leite; Borelli; Martins, 2013, p. 67),

> é de extrema importância que o professor conheça também seu próprio estilo de aprendizagem, pois estes influenciam [sic] sobremaneira no modo como o professor organiza sua aula, planeja estratégias diferenciadas, seleciona recursos materiais e se relaciona com os estudantes. Em geral, os professores costumam ensinar segundo seus próprios estilos de aprendizagem, desconsiderando as formas peculiares de aprendizagem de seus estudantes, conhecer-se e conhecer seus estudantes possibilitará a diversificação no seu modo de ensinar, esta ressignificação de sua prática pedagógica, considerando o estilo de aprendizagem de seus estudantes, resultará num processo de ensino mais significativo e aprendentes mais satisfeitos e mais ativos no seu processo de desenvolvimento.

Nesse sentido, não basta o professor alterar suas atividades se a escola como um todo não passar por um processo de transformação. Toda a dinâmica escolar precisa ser alterada, incluindo professores, equipe pedagógica e diretiva, demais funcionários e as famílias dos alunos. Dito de outro modo, toda a comunidade escolar pode contribuir de forma decisiva para tornar a escola mais inclusiva.

Assim, desde sua entrada, o aluno precisa se sentir inserido e bem-recebido. Ele precisa ter sua carteira adaptada, se for o caso, e ter acesso prático à sala de aula e demais espaços escolares, conforme assinalamos anteriormente. A alimentação, se necessário, também deve corresponder a sua especificidade, respeitando suas intolerâncias e necessidades nutricionais. Está claro, uma escola que flexibiliza e adapta precisa estar atenta às necessidades escolares e sociais dos discentes, adotando meios de minimizar suas dificuldades e promover suas potencialidades mediante as vias educacionais.

Segundo Omote et al. (2005, p. 24),

> a rede de apoio do aluno, orientação e assessoria podem fazer com que as práticas pedagógicas inclusivas sejam bem-sucedidas. A organização de metodologias e práticas educativas favoráveis ao ritmo de aprendizagem do aluno envolverá a mudança de postura profissional de todos aqueles envolvidos no processo educacional.

Em suma, as adaptações e flexibilizações são estratégias didático-pedagógicas que promovem a aprendizagem dos estudantes PAEE, diminuindo a distância entre estes e a apropriação de conteúdos curriculares ao mesmo tempo em que incentiva a inclusão social desses estudantes.

Para González (2002, citado por Leite; Borelli; Martins, 2013, p. 67), essas modificações relacionam-se com afirmações conceituais que fundamentam a necessidade de um currículo comum, geral, como resposta curricular à diversidade e respeito às diferenças individuais. Essas adaptações podem ser consideradas como a resposta adequada ao conceito de necessidades educativas especiais e ao reconhecimento, numa sociedade democrática, dos princípios de igualdade e diversidade. Esse ponto de partida [...] encontra-se num único âmbito curricular: o currículo comum a todos os alunos. Currículo no qual a intervenção educativa deixa de estar centrada nas diferenças para se radicar na capacidade de aprendizagem do aluno integrado a partir de suas características individuais, bem como na capacidade das instituições educativas para responder às necessidades dos alunos.

Esse excerto indica que a associação entre currículo e diversidade deve nortear os ambientes escolares, tendo em vista que as práticas educacionais que melhor promovem o respeito à diversidade são aquelas que entendem a educação como processo demarcado pela interação contínua entre todos os agentes.

Logo, é importante que todo o corpo escolar perceba que as adaptações, flexibilizações, modificações e alterações realizadas na escola precisam ir além do currículo, apresentando o caráter institucional, político e social que a instituição visa promover. Em outros termos, para implementar essas transformações – que devem envolver todos os atores educacionais –, é preciso compreender quais são as demandas existentes e qual é o objetivo central de sua prática educativa. A diversidade, uma construção histórica, social e cultural, precisa adentrar a escola, que tem de estar aberta para o questionamento, reorganizando a ação educacional; afinal, o direito à educação está diretamente relacionado ao respeito à diferença.

5.4 Sugestões de atividades e procedimentos

As transformações pelas quais a escola pode passar para se tornar realmente inclusiva são inúmeras e de extrema importância para que os alunos PAEE sintam-se realmente incluídos. Isso favorece o rompimento das barreiras que os impedem de participar das atividades e se desenvolver nos ambientes educacionais.

Por essa razão, nesta seção sugeriremos algumas medidas e procedimentos que podem auxiliar os professores na criação de estratégias mais inclusivas no desenvolvimento de suas práticas pedagógicas:

- **Posicionar o estudante próximo ao professor**: É importante que o estudante PAEE esteja o mais próximo possível do professor, pois assim fica mais fácil perceber se ele compreendeu o que foi explicado ou se ainda há alguma dúvida. Estando mais perto, o aluno sente-se mais encorajado a perguntar sem se expor tanto perante a turma. Muitos estudantes não esclarecem suas dúvidas em sala por se sentirem constrangidos em demonstrar sua falta de conhecimento diante dos demais colegas.
- **Facilitar a compreensão de ordens**: O docente tem de falar claramente o que deseja que o aluno realize. Pegadinhas,

indiretas e frases com sentido ambíguo obstam a compreensão dos estudantes PAEE. É aconselhável não falar de costas para a turma, pois isso pode prejudicar o entendimento, principalmente dos surdos. Manter contato visual demonstra empatia e consideração pelos estudantes. Assim, seja na elaboração de uma questão avaliativa, seja em um simples pedido, o ideal é se dirigir especificamente ao estudante e ser o mais objetivo possível, sem esquecer de ser gentil.

- **Usar a rotina de modo favorável**: Obviamente, isso não quer dizer que o professor deve utilizar sempre os mesmos métodos e recursos para a exposição de seus conteúdos; pelo contrário, a diversidade de recursos em uma aula ajuda os alunos a compreenderem melhor o que está sendo explicado. No entanto, manter uma rotina de organização da sala, do espaço, dos horários das aulas e da sequência dos fatos é muito importante para que os alunos PAEE sintam-se seguros no ambiente escolar. Logo, devem ser evitadas alterações de sala, de carteiras e dos horários de aula desses estudantes, para que eles tenham conhecimento da sequência de atividades que terão em um dia e por quais espaços precisarão circular. Sempre que modificações forem realmente necessárias, deve-se avisar a esses alunos com antecedência, para que não se assustem nem se sintam constrangidos com a mudança. Esse cuidado é imprescindível especialmente com os alunos cegos, que precisam saber o que ocorrerá e os espaços em que as atividades acontecerão.
- **Planejar e aproveitar bem o tempo**: Como já mencionamos, quando o professor planeja uma atividade, ele já tem em mente a diversidade de estudantes de sua turma e a forma

como cada um aprende. Mas, em alguns momentos, ele tem de avaliar se será preciso utilizar mais tempo com algum estudante separadamente, ou mesmo dedicar a este alguma forma diferente de apresentação do conteúdo. Nesse sentido, é imprescindível que o professor planeje o mais criteriosamente possível a realização dessas atividades a fim de não colocar o aluno PAEE em uma situação constrangedora por não conseguir realizar algo no tempo programado para o restante da turma. Além disso, há estudantes com limitações físicas e motoras que precisam de mais tempo para organizar seu material e se deslocar até a saída, o que pode comprometer sua autonomia e aumentar a discriminação, caso suas dificuldades não sejam respeitadas.

- **Utilizar os mais diferentes apoios possíveis**: Como pontuamos, cada um tem sua forma de aprender e se identifica mais com determinado meio. É claro, não é viável em todas as aulas atingir a todos, mas, se a cada aula o professor adotar uma forma de apresentação, com certeza atingirá mais estudantes, permitindo que eles aprendam mediante um processo de construção pessoal que aproxima as aprendizagens às realidades vividas, em que tenham voz e se sintam incluídos. Para tanto, o professor pode apresentar inicialmente uma música para, depois, expor o conteúdo; pode fazer uso de um filme no final de um tema trabalhado para fixar um conceito estudado; pode ainda fazer uso dos meios digitais para promover um *quiz* ou um *game* de perguntas e respostas com o objetivo de revisar um conteúdo; ou mesmo criar com os estudantes *chats* em que possam esclarecer suas dúvidas, entre tantos outros recursos que podem ser construídos com o auxílio dos próprios discentes. Em outras palavras, o que o professor precisa sempre ter em mente é que, para desenvolver uma nova cultura curricular que aproxime os alunos, ele precisa estar disposto a unir os princípios educacionais que embasam sua instituição às necessidades reais de seus estudantes e suas formas de aprendizagem.

5.5 Como avaliar o estudante PAEE com flexibilização curricular

Já evidenciamos o quanto as adaptações e demais modificações arquitetônicas e curriculares são importantes para a promoção da aprendizagem dos estudantes PAEE. Mas, e quanto à avaliação? Ela também precisa ser alterada?

A resposta é: Sim, com toda certeza!

Logicamente, um estudante com dificuldades psicomotoras não consegue realizar provas descritivas no mesmo tempo que os demais estudantes. Igualmente, não se pode exigir que um estudante cego, em uma aula de física, faça os mesmos experimentos que os demais para ser aprovado.

Assim como na apresentação dos conteúdos e das atividades, o momento de avaliação de um aluno PAEE precisa ser pensado de maneira a atender suas necessidades. O foco deve ser avaliar o que ele aprendeu, e não se assimilou o que a escola espera.

Acerca das adaptações relacionadas à avaliação dos estudantes PAEE, o documento *Projeto Escola Viva: garantindo o acesso e permanência de todos os alunos na escola* orienta a:

- utilizar diferentes procedimentos de avaliação, adaptando-os aos diferentes estilos e possibilidades de expressão dos alunos;
- possibilitar que o aluno com severo comprometimento dos movimentos de braços e mãos se utilize do livro de signos para se comunicar, em vez de exigir dele que escreva com lápis, ou caneta, em papel;
- possibilitar que o aluno cego realize suas avaliações na escrita braile, lendo-as então, oralmente, ao professor;
- nas provas escritas do aluno surdo, levar em consideração o momento do percurso em que ele se encontra, no processo de aquisição de uma 2ª língua, no caso, a língua portuguesa. (Brasil, 2000b, p. 28-29)

Acrescentamos que essas adaptações precisam relacionar os objetivos e conteúdos estabelecidos às especificidades do estudante. É necessário que o professor compare o estágio atual do estudante com a condição inicial; é equivocado fazer comparações com os demais alunos ou aplicar os mesmos critérios de avaliação adotados para o restante da turma.

Mais que avaliar um conteúdo, o professor precisa considerar seu compromisso em garantir a todos os alunos o acesso ao conhecimento que lhe cabe socializar. Para Lopes (2008, p. 18), "é preciso lembrar que numa mesma escola e, até mesmo, sala de aula pode haver alunos com necessidades educacionais especiais, decorrentes de deficiência de diferentes áreas e que, o professor, ao estabelecer as flexibilizações/adaptações deverá considerar tais especificidades", o que inclui o momento de avaliação.

Por isso, pode, por exemplo, adotar a prova oral em vez da prova escrita; aceitar um desenho que expresse seu sentimento em vez de um longo texto; ou uma poesia em lugar de uma resenha crítica; ou, ainda, um mapa conceitual em substituição à exposição de uma teoria.

Não pretendemos com essa recomendação diminuir a excelência do professor em sala de aula, flexibilizando outras formas de avaliar de maneira oposta a suas tradicionais avaliações. O que intencionamos é instigar a curiosidade do professor em descobrir que há outras formas de o aluno expressar o que aprendeu, que não se reduzem a marcar X ou a responder questionários sincrônicos. Se, na sociedade atual, cada vez mais temos de nos adaptar aos novos modos de se relacionar, de conversar, de aprender, por que não alterar a forma de avaliar também? Se podemos aprender por diferentes meios, também podemos avaliar de forma diversificada.

Síntese

Demonstramos ao longo deste capítulo que é fundamental, além da escuta e do olhar para os alunos como pessoas com características tão diversas em uma sala de aula, devotar atenção às necessidades de adaptação e flexibilização escolar. Também explicitamos que estas não se resumem ao ofício do professor, mas perpassam todo o ambiente escolar.

Assim, o professor, em parceria com toda a comunidade escolar, precisa estar aberto a essas alterações, que têm por objetivo enriquecer as ações educacionais, possibilitando um planejamento focado na cooperação e na redução das barreiras sociais e educativas.

Tal ação possibilita atenção às reais necessidades dos alunos e, sobretudo, aos desejos e sentimentos destes, expressos nas suas diferentes formas de ação e de manifestação no meio real da escola. Com isso, será possível pensar em formas alternativas de promover o acesso à aprendizagem, com menores restrições e lacunas educativas.

Explicamos ainda que, no pressuposto da educação inclusiva, a escola deve ser um ambiente acessível, diversificado e individualizado, que respeite as necessidades de cada aluno e oportunize a demonstração de suas potencialidades sem serem julgados por suas dificuldades ou limitações, pois as condições para a aprendizagem e para a avaliação desses estudantes deve favorecer uma proposta de ensino que promove e respeita.

Por fim, também evidenciamos a urgência de repensar as formas de apresentação e avaliação do ensino regular, levando em conta as condições sociais, intelectuais, motoras e comportamentais de cada discente, assim como sua forma de aprender. Uma vez que o professor se coloca à disposição para compreender o universo das diferenças individuais presentes em sala de aula, ele repensa o modelo educacional atual, com vista a promover um novo modelo voltado para a aprendizagem significativa e para o respeito à diversidade.

Indicações culturais

O FILHO eterno. Direção: Paulo Machline. Brasil, 2016. 90 min.

> Esse filme brasileiro conta a história de um casal que aguarda ansiosamente pela chegada de seu primeiro bebê. Contudo, toda a felicidade dos pais pelo nascimento do filho

é transformada em incerteza e medo com a descoberta de que o bebê tem síndrome de Down. Em um primeiro momento, a insatisfação e a vergonha tomam conta do pai, que enfrentará muitos desafios para encontrar o verdadeiro significado da paternidade, e da mãe, que precisa romper com seu luto inicial para superar as dificuldades matrimoniais e os desafios que a maternidade lhe apresenta.

Atividades de autoavaliação

1. Sobre os conceitos de flexibilização escolar, assinale a alternativa **incorreta**:
    a) Flexibilização e adaptação curricular podem ser definidas como possibilidades educacionais para dar suporte às especificidades de aprendizagem de estudantes PAEE.
    b) Deve ser realizada quando o estudante não consegue atingir os resultados de aprendizagem esperados, de forma a tornar o ensino apropriado às suas peculiaridades.
    c) Atualmente, essa é uma temática presente nas políticas públicas educacionais, bem como nos saberes e nas práticas a serem desenvolvidos em todos os ambientes escolares, tendo em vista as necessidades de adequação do currículo para a efetivação da inclusão educacional.
    d) *Flexibilizar* é permitir que o estudante realize em sala tão somente o que ele afirma conseguir, pois o professor deve considerar apenas o que ele consegue fazer.
    e) *Flexibilizar* significa garantir o direito à diferença no currículo.

2. Considere as afirmações a seguir.

   I) A teoria VAC foi desenvolvida por Fernald, Keller e Orton-Gilingham e pressupõe que a aprendizagem ocorre por meio dos sentidos visual, auditivo e tátil.

   II) Em cada indivíduo, um sentido prepondera em sua melhor forma de aprender; mas há aqueles sujeitos em que os três sentidos se equilibram.

   III) Cada pessoa aprende apenas por uma via de cada vez. Muitos estímulos podem confundir o estudante.

   Está(ão) correta(s) apenas a(s) afirmativa(s):

   a) II.
   b) I.
   c) I e II.
   d) I e III.
   e) III.

3. Analise as proposições a seguir e assinale V para verdadeiro e F para falso.

   I) O objetivo de conhecer e identificar os diferentes estilos de aprendizagem não deve servir para rotular, classificar ou dividir os estudantes, em especial os estudantes PAEE, mas para auxiliá-los a compreender sua forma de aprender.

   II) A identificação do estilo de aprendizagem é um recurso adicional para que o professor amplie suas possibilidades de ensino de maneira adequada às especificidades de seus estudantes.

III) Relevante também é o reconhecimento do professor sobre seu próprio estilo de aprendizagem, uma vez que isso influenciará como ele organiza sua aula, planeja estratégias diferenciadas, seleciona recursos materiais e se relaciona com os estudantes.

IV) Saber qual é seu estilo de aprendizagem ajuda o professor a aprimorar sua técnica e escolhê-la para trabalhar em todas as aulas com os estudantes.

Agora, assinale a alternativa que apresenta a sequência correta de preenchimento dos parênteses, de cima para baixo:

a) V, V, V, F.
b) V, V, V, V.
c) V, F, V, F.
d) F, V, V, F.
e) V, V, F, F.

4. Sobre as sugestões de orientações para pequenas adaptações escolares, assinale a opção **incorreta**:
   a) Posicionar o estudante próximo ao professor.
   b) Não utilizar a rotina.
   c) Facilitar a compreensão de ordens.
   d) Planejar e aproveitar bem o tempo.
   e) Utilizar os mais diferentes apoios possíveis.

5. No que concerne à adaptação da avaliação dos estudantes PAEE, é correto afirmar que:
   a) apenas as adaptações e demais modificações arquitetônicas são importantes para a promoção da aprendizagem dos estudantes PAEE.

b) a avaliação não deve ser adaptada ao aluno, pois, independentemente de sua condição, ele precisa acompanhar a turma.
c) um estudante com dificuldades psicomotoras deve realizar provas descritivas no mesmo tempo e espaço dos demais estudantes.
d) tal avaliação deve sempre ser menor que a dos outros, pois ele apresentará mais dificuldades.
e) a avaliação precisa ser pensada de maneira a atender suas necessidades e realmente avaliar a promoção de seu aprendizado com vistas ao que ele aprendeu, e não ao que a escola espera dele.

Atividades de aprendizagem

Questões para reflexão

1. Das flexibilizações exigidas pelo Ministério da Educação (MEC), qual você considera mais importante?

2. Volte ao texto e preencha o quadro a seguir com as características das três formas de adaptação listadas.

De conteúdos	De métodos	De materiais

Atividade aplicada: prática

1. Luana é uma estudante de 15 anos que está aprendendo sobre o mito da caverna em suas aulas de Filosofia. Ela é cega, mas conseguiu fazer a leitura do texto em braile e sempre está muito atenta às explicações de seu professor. Como o professor poderia adaptar a avaliação de Luana de forma a identificar o que ela aprendeu do conteúdo e, ao mesmo tempo, ser eficaz nessa empreitada? De que forma a avaliaria?

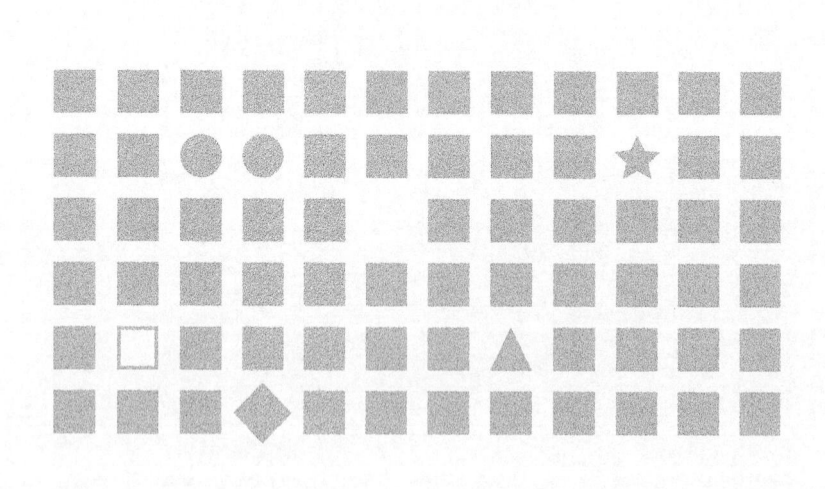

Capítulo 6
Processos de identificação de alunos no contexto regular de ensino, Plano Nacional de Educação (PNE 2011-2020) e Decreto 10.502, de 30 de setembro de 2020

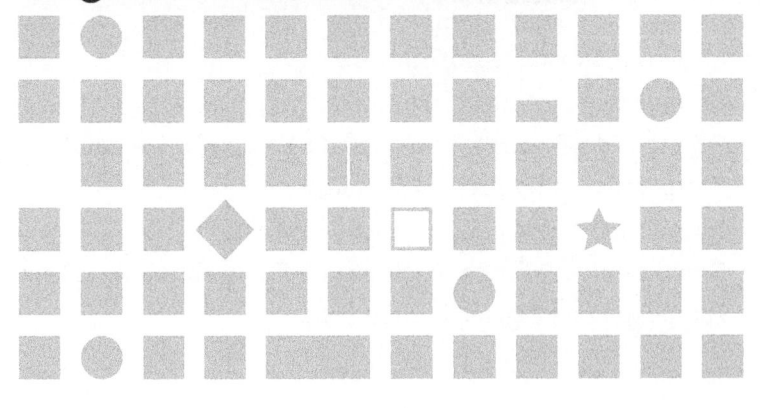

Neste capítulo, apresentaremos algumas diretrizes que trouxeram para nosso país um novo olhar sobre os estudantes público-alvo da educação especial (PAEE) e que culminaram na inclusão e na seguridade de mais direitos a esse público. Trataremos, inicialmente, do documento *Política Nacional de Educação Especial na Perspectiva da Educação Inclusiva*, de 2008, que iniciou um grande programa de inclusão no Brasil. Na sequência, analisaremos o Plano Nacional de Educação (PNE) 2011-2020, que vem ao encontro dessa perspectiva inclusiva. Por fim, comentaremos o Decreto n. 10.502, de 30 de setembro de 2020 (Brasil, 2020), que reforça os direitos já estabelecidos, além de abrir outras oportunidades inclusivas

A Política Nacional de Educação Especial na Perspectiva da Educação Inclusiva, de 2008, é um marco importante na criação das leis que regem a educação especial brasileira. Neste capítulo, utilizaremos a versão mais recente do documento, oficializada em 2014.

O material foi elaborado por especialistas de diversas áreas, no intuito de garantir o acesso e a permanência escolar do estudante PAEE. De forma geral, esse documento é subdividido entre os seguintes assuntos:

- Marcos históricos e normativos.
- Diagnóstico da educação especial.
- Objetivo da Política Nacional de Educação Especial na Perspectiva da Educação Inclusiva.
- Alunos atendidos pela educação especial.
- Diretrizes da Política Nacional de Educação Especial na Perspectiva da Educação Inclusiva.

Sobre o PNE 2011-2020, o referido texto apresenta metas a serem atingidas em um prazo de 10 anos para a melhoria do ensino nacional. No plano, a meta 4 corresponde às discussões e aos objetivos para a educação especial, sobre a qual nos debruçaremos, tendo em vista nosso objetivo de entender os avanços legais da área.

Já o Decreto n. 10.502/2020, mais recente documento sobre educação inclusiva no Brasil, apresenta uma nova visão de educação especial, instituindo uma nova "Política Nacional de Educação Especial: Equitativa, Inclusiva e com Aprendizado ao Longo da Vida" (Brasil, 2020).

Discorreremos, a seguir, sobre cada um desses documentos, com o intuito de identificar as mudanças que ocorreram ao longo dos anos e perceber o que pode e deve ser feito dentro dos ambientes escolares para proporcionar, de fato, uma educação inclusiva para todos os estudantes, em respeito à legislação.

6.1 Marcos históricos e normativos

O documento *Política Nacional de Educação Especial na Perspectiva da Educação Inclusiva*, de 2008, apresenta, inicialmente, um breve histórico sobre as primeiras iniciativas de atendimento à pessoa com necessidades especiais, destacando que as modalidades de atendimento eram muito mais voltadas aos cuidados clínicos e terapêuticos do que necessariamente às necessidades educacionais. Assim, muitas vezes essa modalidade era trabalhada substitutivamente à escolarização, e não com a visão inclusiva de hoje. De acordo com o documento, a educação especial se organizou tradicionalmente como atendimento educacional especializado substitutivo ao ensino comum, evidenciando diferentes compreensões, terminologias e modalidades que levaram à criação de instituições especializadas, escolas especiais e classes especiais. Essa organização, fundamentada no conceito de normalidade/anormalidade, determina formas de atendimento clínico terapêuticos fortemente ancorados nos testes psicométricos que definem, por meio de diagnósticos, as práticas escolares para os alunos com deficiência. (Brasil, 2008b)

Em uma breve retrospectiva, o texto oficial registra que, no Brasil, o atendimento às pessoas com deficiência teve início no período imperial, com a criação de duas importantes instituições: "o Imperial Instituto dos Meninos Cegos, em 1854, atual Instituto Benjamin Constant – IBC, e o Instituto dos Surdos Mudos, em 1857, atual Instituto Nacional da Educação dos Surdos – INES, ambos no Rio de Janeiro" (Brasil, 2008b).

No início do século XX é fundado o Instituto Pestalozzi – 1926, instituição especializada no atendimento às pessoas com deficiência mental; em 1954 é fundada a primeira Associação de Pais e Amigos dos Excepcionais – APAE e; em 1945, é criado o primeiro atendimento educacional especializado às pessoas com superdotação na Sociedade Pestalozzi, por Helena Antipoff. (Brasil, 2008b)

O seguinte passo legal foi a criação da Lei de Diretrizes e Bases da Educação Nacional (LDBEN) – Lei n. 4.024, de 20 de dezembro de 1961 (Brasil, 1961) –, em cujas disposições o atendimento educacional às pessoas com deficiência passou a ser fundamentado. A LDBEN aponta o direito dos "excepcionais" à educação, preferencialmente dentro do sistema geral de ensino.

Posteriormente, a Lei n. 5.692, de 11 de agosto de 1971, que alterou a LDBEN de 1961,

> ao definir "tratamento especial" para os alunos com "deficiências físicas, mentais, os que se encontrem em atraso considerável quanto à idade regular de matrícula e os superdotados", não promove a organização de um sistema de ensino capaz de atender as necessidades educacionais especiais e acaba reforçando o encaminhamento dos alunos para as classes e escolas especiais. (Brasil, 2008b)

Dito de outro modo, essa deliberação, ainda que promova um atendimento diferenciado, não está pautada em uma perspectiva inclusiva.

No ano de 1973, foi criado pelo Ministério da Educação (MEC) o Centro Nacional de Educação Especial (Cenesp), "responsável pela gerência da educação especial no Brasil, que, sob a égide integracionista, impulsionou ações educacionais voltadas às pessoas com deficiência e às pessoas com superdotação; ainda configuradas por campanhas assistenciais e ações isoladas do Estado" (Brasil, 2008b).

Somente com a promulgação da Constituição Federal (CF) de 1988 é que foram realmente assegurados os direitos educacionais dos estudantes, por meio do art. 3º, inciso IV, que assegura "promover o bem de todos, sem preconceitos de origem, raça, sexo, cor, idade e quaisquer outras formas de discriminação" (Brasil, 1988).

O art. 205 da CF estipula que a educação é um direito de todos, destacando que deve ser assegurado "o pleno desenvolvimento da pessoa, o exercício da cidadania e a qualificação para o trabalho" (Brasil, 2014b). De modo mais claro, o direito à educação não está restrito à área física da escola; deve preparar os estudantes para seu exercício cidadão. Já o inciso I do art. 206 da CF estabelece a "'igualdade de condições de acesso e permanência na escola', como um dos princípios para o ensino e, garante, como dever do Estado, a oferta do atendimento educacional especializado, preferencialmente na rede regular de ensino (art. 208)" (Brasil, 1988). Esse item reitera que todos os estudantes devem ser incluídos no sistema regular de ensino, ao mesmo tempo em que lhes é assegurado atendimento especializado no contraturno, nos casos em que essa modalidade de atendimento se fizer necessária.

Nos anos 1990 houve dois grandes avanços com a criação do Estatuto da Criança e do Adolescente (ECA) e da Política Nacional de Educação Especial, que à época orientava o processo de "integração instrucional" (Brasil, 2014b). O documento condicionava o acesso às classes comuns do ensino regular apenas às pessoas que tivessem "condições de acompanhar e desenvolver as atividades curriculares programadas do ensino comum, no mesmo ritmo que os alunos ditos normais" (Brasil, 2014b). Hoje, essa atitude é tida como extremamente excludente, considerando que todos os estudantes mantêm ritmos de aprendizagem diferenciados.

Houve, ainda, a revisão da LDBEN mediante a Lei n. 9.394, de 20 de dezembro de 1996, que em seu art. 59 "preconiza que os sistemas de ensino devem assegurar aos estudantes currículo, métodos, recursos e organização específicos para atender às suas necessidades" (Brasil, 2014b). Com uma visão mais inclusiva de educação, a LDBEN revisada também possibilita aos estudantes que não conseguiram completar o ensino fundamental em virtude de suas deficiências uma terminalidade específica, além de possibilitar programas de aceleração de série para estudantes superdotados (Brasil, 2014b).

A partir dos anos 2000, um dos principais marcos foi a criação do PNE, por meio da Lei n. 10.172, de 9 de janeiro de 2001 (Brasil, 2001b). Esse plano veio ao encontro da educação inclusiva já proposta, destacando que "o grande avanço que a década da educação deveria produzir" seria "a construção de uma escola inclusiva que garanta o atendimento à diversidade humana" (Brasil, 2001b).

Esses avanços na legislação demonstram que muitos foram os esforços nesse período para retirar os estudantes PAEE de seus atendimentos isolados e incluí-los no sistema regular de ensino.

Nessa perspectiva, a Convenção da Guatemala, de 1999, que no Brasil foi promulgada pelo Decreto n. 3.956, de 8 de outubro de 2001 (Brasil, 2001a), foi outro importante passo rumo à inclusão. No instrumento legal, está expresso que "as pessoas com deficiência têm os mesmos direitos humanos e liberdades fundamentais que as demais pessoas, definindo como discriminação com base na deficiência, toda diferenciação ou exclusão que possa impedir ou anular o exercício dos direitos humanos e de suas liberdades fundamentais" (Brasil, 2001a). Essa declaração amplia os direitos das pessoas com deficiência e prevê como discriminação qualquer atitude recriminatória ou excludente a esse público específico.

Em atenção às especificidades dos estudantes surdos, a Lei n. 10.436, de 24 de abril de 2002 (Brasil, 2002b) "reconhece a Língua Brasileira de Sinais – Libras como meio legal de comunicação e expressão, determinando que sejam garantidas formas institucionalizadas de apoiar seu uso e difusão". Ainda por essa nova lei, o ensino da disciplina de Libras passa a ser parte integrante do currículo nos cursos de formação de professores (licenciaturas) e de fonoaudiologia.

Já a Portaria MEC n. 2.678, de 24 de setembro de 2002 (Brasil, 2002b), tem por objetivo auxiliar no desenvolvimento do registro dos estudantes cegos, aprovando diretrizes e normas para o uso, o ensino, a produção e a difusão do sistema braile em todas as modalidades de ensino. Nessa portaria é assegurado o direito à grafia braile em todo o território nacional (Brasil, 2008b).

Em 2005, houve mais um grande avanço no que diz respeito aos direitos dos estudantes superdotados com a implantação dos Núcleos de Atividade das Altas Habilidades/Superdotação (NAAH/S) em todos os estados e no Distrito Federal. Na época, esses centros foram referência para o atendimento educacional especializado aos alunos com altas habilidades/superdotação e tinham também como objetivo orientar famílias e professores (Brasil, 2008b).

Em 2007, no contexto com o Plano de Aceleração do Crescimento (PAC), foi lançado o Plano de Desenvolvimento da Educação (PDE), reafirmado pela Agenda Social de Inclusão das Pessoas com Deficiência, tendo como eixos a acessibilidade arquitetônica dos prédios escolares, a implantação de salas de recursos e a formação docente para o atendimento educacional especializado (Brasil, 2008b). Como a primeira versão da *Política Nacional de Educação Especial na Perspectiva da Educação Inclusiva* é de 2008, essa é a última ação apresentada nele. Acréscimos foram feitos na versão mais recente desse documento, de 2014.

Destacamos ainda o Decreto n. 6.571, de 17 de setembro de 2008 (Brasil, 2008), incorporado pelo Decreto n. 7.611, de 17 de novembro de 2011 (Brasil, 2011a), que institui a política pública de financiamento no âmbito do Fundo de Manutenção e Desenvolvimento da Educação Básica e de Valorização dos Profissionais da Educação (Fundeb), estabelecendo o duplo cômputo das matrículas dos estudantes com deficiência, transtornos globais do desenvolvimento e altas habilidades/superdotação. Visando ao desenvolvimento inclusivo dos sistemas públicos de ensino, o Decreto n. 7.611/2011 também estabelece o atendimento educacional especializado complementar ou suplementar à escolarização e os demais serviços da educação especial, além de promover outras medidas de apoio à inclusão escolar (Brasil, 2011a).

É com base nesse pressuposto que as deliberações da Conferência Nacional de Educação (Conae) de 2010 e a Lei n. 13.005, de 25 de junho de 2014 (Brasil, 2014a), instituíram o Plano Nacional de Educação (PNE). Esse documento orientador ressalta, em seu art. 8º, inciso III, parágrafo 1º, que os estados, o Distrito Federal e os municípios devem garantir "o atendimento das necessidades específicas na educação especial, assegurando o sistema educacional inclusivo em todos os níveis, etapas e modalidades" (Brasil, 2014a).

Vale lembrarmos da meta 4 do PNE 2011-2020, que também apresenta estratégias que visam garantir às pessoas com deficiência, transtornos globais do desenvolvimento e altas habilidades/superdotação, na faixa etária de 4 a 17 anos, o acesso à educação básica e ao atendimento educacional especializado.

Ainda nesse documento é assegurado que o atendimento educacional especializado (AEE) deve ocorrer preferencialmente na rede regular de ensino, podendo ser ainda realizado por meio de convênios com instituições especializadas, compondo-se um sistema educacional inclusivo (Brasil, 2014b).

A Lei n. 13.234, de 29 de dezembro de 2015, alterou a Lei n. 9.394/1996 (LDBEN) "para dispor sobre o processo de identificação, o cadastramento e o atendimento, na educação básica e na educação superior, de alunos com altas habilidades ou superdotação" (Brasil, 2015), o que proporcionou a criação de dados estatísticos sobre esta população da educação especial.

Por meio do Decreto n. 9.465, de 2 de janeiro de 2019 (Brasil, 2019), foi criada a Secretaria de Modalidades Especializadas de Educação (Semesp), que extinguiu a Secretaria de Educação Continuada, Alfabetização, Diversidade e Inclusão (Secadi). A pasta é composta por três frentes: Diretoria de Acessibilidade, Mobilidade, Inclusão e Apoio a Pessoas com Deficiência; Diretoria de Políticas de Educação Bilíngue de Surdos; e Diretoria de Políticas para Modalidades Especializadas de Educação e Tradições Culturais Brasileiras (Brasil, 2019).

6.2 Diagnóstico da educação especial

A Política Nacional de Educação Especial na Perspectiva da Educação Inclusiva representou um grande avanço no número de matrículas de estudantes PAEE, o que demonstra que também houve avanços no sistema de identificação desse público. No entanto, quando no documento se usa o termo *diagnóstico*, ele não está especificando as patologias e os mecanismos de avaliação desses estudantes, mas tratando de como a educação especial se apresenta em números.

O Censo Escolar realizado anualmente pelo Ministério da Educação (MEC) em parceria com o Instituto Nacional de Estudos e Pesquisas Educacionais Anísio Teixeira (Inep) em todas as escolas de educação básica do país tem como objetivo acompanhar, no que se refere à educação especial: indicadores de acesso à educação básica; matrícula na rede pública; inclusão nas classes comuns; oferta do atendimento educacional especializado; acessibilidade nos prédios escolares; e número de municípios e de escolas com matrícula de alunos com necessidades educacionais especiais (Brasil, 2007b).

Segundo esse material, houve crescimento no número de matrículas dos estudantes PAEE inseridos no contexto regular de ensino.

> A partir de 2004, com a atualização dos conceitos e terminologias [e consequentemente do público da educação especial], são efetivadas mudanças no Censo Escolar, que passa a coletar dados sobre a série ou ciclo escolar dos alunos atendidos pela educação especial, possibilitando, a partir destas informações que registram a progressão escolar, criar novos indicadores acerca da qualidade da educação. Os dados do Censo Escolar/2006, na educação especial, registram [...] um crescimento de 107%. No que se refere à inclusão em classes comuns do ensino regular, o crescimento é de 640%. (Brasil, 2008b)

Com relação à formação de professores, o documento também apresenta uma melhora significativa nessa área. Conforme consta, dos professores com atuação na educação especial, em 1998, 3,2% possuíam ensino fundamental; 51% possuíam ensino médio e 45,7% ensino superior. Em 2006, dos 54.625 professores que atuam na educação especial, 0,62% registraram somente ensino fundamental, 24% registraram ensino médio e 75,2% ensino superior. Nesse mesmo ano, 77,8% destes professores, declararam ter curso específico nessa área de conhecimento. (Brasil, 2008b)

Está claro, assim, que esse é mais um importante documento para que os estudantes incluídos no sistema educacional regular passem a fazer parte das estatísticas, o que reforça a necessidade de políticas públicas que garantam não apenas seu acesso, mas sua permanência e aprendizagem no contexto regular de ensino.

6.3 Objetivo da Política Nacional de Educação Especial na Perspectiva da Educação Inclusiva

A Política Nacional de Educação Especial na Perspectiva da Educação Inclusiva (Brasil, 2008b) tem como objetivo o acesso, a participação e a aprendizagem dos estudantes com deficiência, transtornos globais do desenvolvimento e altas habilidades/superdotação nas escolas regulares, orientando os sistemas de ensino a promover respostas às necessidades educacionais, garantindo (Brasil, 2008b):

- transversalidade da educação especial desde a educação infantil até a educação superior;
- atendimento educacional especializado (AEE);
- continuidade da escolarização nos níveis mais elevados do ensino;
- formação de professores para o AEE e demais profissionais da educação para a inclusão escolar;
- participação da família e da comunidade;
- acessibilidade urbanística, arquitetônica, nos mobiliários e equipamentos, nos transportes, na comunicação e informação;
- articulação intersetorial na implementação das políticas públicas.

Nesse sentido, desde 2008, são destacadas a importância desses serviços e atendimentos aos estudantes PAEE, e estados e municípios já tiveram bastante tempo para efetivar as mudanças educacionais e arquitetônicas necessárias para atenderem com mais segurança esses estudantes. Vale acrescentar que, desde 2008, os professores já ganhavam destaque nesse documento no que se refere ao seu preparo e à sua formação para o trabalho direto com os estudantes inclusos.

6.4 Alunos atendidos pela educação especial

Nessa seção do documento, é apresentada uma retrospectiva acerca de como os estudantes PAEE foram segmentados no atendimento regular ao longo dos anos, até o início do processo de inclusão, com a Declaração de Salamanca de 1994[1]. Essa declaração internacional aponta que as escolas regulares com orientação inclusiva constituem os meios mais eficazes de combater atitudes discriminatórias e que estudantes com deficiência e altas habilidades/superdotação devem ter acesso à escola regular, tendo como princípio orientador que as "escolas deveriam acomodar todas as crianças independentemente de suas condições físicas, intelectuais, sociais, emocionais, linguísticas ou outras" (Declaração de Salamanca, 1994).

Assim, o conceito de educação inclusiva proposto no documento afirma que "a educação especial passa a constituir a proposta pedagógica da escola", promovendo o atendimento aos "alunos com deficiência, transtornos globais de desenvolvimento e altas habilidades/superdotação" (Brasil, 2008b). Nos casos "que implicam em transtornos funcionais específicos, a educação especial atua de forma articulada com o ensino comum, orientando para o atendimento às necessidades educacionais especiais desses alunos" (Brasil, 2008b). Em outras palavras, o ensino deixa de ser segregado e passa a ser inclusivo, considerando que todos esses estudantes devem dividir o mesmo espaço e frequentar os atendimentos extracurriculares, como as salas de recursos e demais atendimentos, no contraturno à aula regular.

[1] A Declaração de Salamanca é uma resolução da Organização das Nações Unidas (ONU) que foi concebido na Conferência Mundial de Educação Especial, em Salamanca (Espanha) em 1994. O texto trata de princípios, políticas e práticas das necessidades educativas especiais (NEE) e dá orientações para ações em níveis regionais, nacionais e internacionais sobre a estrutura de ação em educação especial. No que tange à escola, o documento aborda a administração, o recrutamento de educadores e o envolvimento comunitário, entre outros pontos.

Ainda de acordo com o documento,

a partir dessa conceituação, considera-se pessoa com deficiência aquela que tem impedimentos de longo prazo, de natureza física, mental ou sensorial que, em interação com diversas barreiras, podem ter restringida sua participação plena e efetiva na escola e na sociedade. Ressaltamos que os estudantes com transtornos globais do desenvolvimento são aqueles que apresentam alterações qualitativas das interações sociais recíprocas e na comunicação, um repertório de interesses e atividades restrito, estereotipado e repetitivo. Incluem-se nesse grupo estudantes com Transtorno do Espectro Autista e psicose infantil. Estudantes com altas habilidades/superdotação[2] como já vimos, são considerados aqueles que demonstram potencial elevado em qualquer uma das seguintes áreas, isoladas ou combinadas: intelectual, acadêmica, liderança, psicomotricidade e artes, além de apresentar grande criatividade, envolvimento na aprendizagem e realização de tarefas, em áreas de seu interesse. (Brasil, 2014b)

Logo, além de definir as especificidades da educação especial, o documento reitera a garantia da inclusão no contexto regular de ensino, reforçando os esforços para que todos os estudantes se desenvolvam conforme suas especificidades em um mesmo espaço escolar, que compreenda e respeite essas diferenças.

---

2 Até 2015, o termo *altas habilidades/superdotação* apresentava essa nomenclatura. Depois de 2015, com a lei o termo foi alterado para *altas habilidades ou superdotação*.

6.5 Diretrizes da Política Nacional de Educação Especial na Perspectiva da Educação Inclusiva

Segundo a Política Nacional de Educação Especial na Perspectiva da Educação Inclusiva, a educação especial é "uma modalidade de ensino que perpassa todos os níveis, etapas e modalidades, realiza o atendimento educacional especializado, disponibiliza os serviços e recursos [...] e orienta quanto a sua utilização no processo de ensino e aprendizagem nas turmas comuns do ensino regular" (Brasil, 2008b).

Ainda de acordo com as diretrizes do documento:

> O atendimento educacional especializado tem como função identificar, elaborar e organizar recursos pedagógicos e de acessibilidade que eliminem as barreiras para a plena participação dos estudantes, considerando suas necessidades específicas, ou seja, não é um atendimento substitutivo a escolarização regular. (Brasil, 2014b)

Esse modalidade de ensino tem por objetivo dar o suporte necessário à formação dos estudantes visando à autonomia e à independência destes na escola e também fora dela. Ainda conforme esse documento, entre as possibilidades do AEE, devem ser privilegiados o ensino de linguagens e códigos específicos de comunicação e sinalização e a tecnologia assistiva (Brasil, 2008b). Em outras palavras, é de acordo com as necessidades educacionais do estudante que a modalidade de atendimento e as atividades devem ser planejadas, a fim de auxiliá-lo na compreensão dos conteúdos propostos ou na suplementação e no enriquecimento dessas atividades, no caso dos estudantes superdotados.

O documento também destaca que, ao longo de todo o processo de escolarização, esse atendimento deve estar articulado com a proposta pedagógica do ensino comum, ou seja, o AEE não deve ser uma ilha, mas estar em constante comunicação com o que está sendo desenvolvido no ensino regular (Brasil, 2008b).

Em adição, segundo o documento, o

> acesso à educação tem início na educação infantil, na qual se desenvolvem as bases necessárias para a construção do conhecimento e desenvolvimento global do aluno. Nessa etapa, o lúdico, o acesso às formas diferenciadas de comunicação, a riqueza de estímulos nos aspectos físicos, emocionais, cognitivos, psicomotores e sociais e a convivência com as diferenças favorecem as relações interpessoais, o respeito e a valorização da criança. (Brasil, 2014b)

Assim, os atendimentos citados, como sala de recursos, profissionais especializados e demais atendimentos que se façam necessários, devem ter início na fase de escolarização, já na educação infantil. Mas, para aqueles que não tiveram a oportunidade de realizar sua escolarização nessa fase, é assegurado o acesso à modalidade de educação de jovens e adultos (EJA), assim como a educação profissional. Além disso, as ações da educação especial possibilitam a ampliação de outras oportunidades de escolarização e formação específica e profissional para o ingresso no mercado de trabalho, promovendo, assim, a efetiva participação social (Brasil, 2008b). Ainda é prevista no documento a possibilidade desses atendimentos da educação especial na educação indígena, do campo e quilombola.

Acerca da garantia desses atendimentos na educação superior, o documento assegura que

> A educação especial se efetiva por meio de ações que promovam o acesso, a permanência e a participação dos estudantes. Estas ações envolvem o planejamento e a organização de recursos e serviços para a promoção da acessibilidade arquitetônica, nas comunicações, nos sistemas de informação, nos materiais didáticos e pedagógicos, que devem ser disponibilizados nos processos seletivos e no desenvolvimento de todas as atividades que envolvam o ensino, a pesquisa e a extensão. (Brasil, 2014b)

Nesse sentido, a educação inclusiva tem de contemplar as diferentes modalidades de atendimento, respeitando a diversidade étnica e regional, o nível de escolaridade e as oportunidades ao longo da vida de todos os estudantes PAEE.

6.6 PNE (2011-2020) – Meta 4

O Plano Nacional de Educação (PNE) para o decênio 2011-2020 corresponde ao planejamento nacional que institui as novas metas a serem superadas no âmbito da educação nacional na próxima década. No que tange à educação especial, o tópico que trata especificamente dessas questões é a meta 4, que transcrevemos na íntegra:

Meta 4: Universalizar, para a população de quatro a dezessete anos, o atendimento escolar aos estudantes com deficiência, transtornos globais do desenvolvimento e altas habilidades ou superdotação na rede regular de ensino. (Brasil, 2011b)

Para tal empreitada de alcançar os objetivos da meta 4, são estabelecidas as seguintes estratégias:

4.1. Contabilizar, para fins do repasse do Fundo de Manutenção e Desenvolvimento da Educação Básica e de Valorização dos Profissionais da Educação – Fundeb, as matrículas dos estudantes da educação regular da rede pública que recebem atendimento educacional especializado complementar, sem prejuízo do cômputo dessas matrículas na educação básica regular.

4.2. Implantar salas de recursos multifuncionais e fomentar a formação continuada de professores para o atendimento educacional especializado complementar, nas escolas urbanas e rurais.

4.3. Ampliar a oferta do atendimento educacional especializado complementar aos estudantes matriculados na rede pública de ensino regular.

4.4. Manter e aprofundar programa nacional de acessibilidade nas escolas públicas para adequação arquitetônica, oferta de transporte acessível, disponibilização de material didático acessível e recursos de tecnologia assistiva, e oferta da educação bilíngue em língua portuguesa e Língua Brasileira de Sinais – Libras.

4.5. Fomentar a educação inclusiva, promovendo a articulação entre o ensino regular e o atendimento educacional especializado complementar ofertado em salas de recursos multifuncionais da própria escola ou em instituições especializadas.

4.6. Fortalecer o acompanhamento e o monitoramento do acesso à escola por parte dos beneficiários do benefício de prestação continuada, de maneira a garantir a ampliação do atendimento aos estudantes com deficiência na rede pública regular de ensino. (Brasil, 2011b)

Dessa forma, muito se tem discutido a respeito dos direitos dos estudantes PAEE em nosso país, desde o início do Império; no entanto, apenas após os anos 2000, com o advento das discussões na área em outros países, o Brasil passou a ser signatário de algumas convenções e, com isso, a formular leis, decretos e instruções específicos aos direitos das pessoas com algum tipo de deficiência.

6.7 Decreto n. 10.502/2020

Esse novo decreto, oficializado no final do ano de 2020, apresenta algumas alterações nos direitos que já eram assegurados ao PAEE e acrescenta direitos e possibilidades de atendimento, especialmente aos estudantes surdos e superdotados.

O documento institui a Política Nacional de Educação Especial: Equitativa, Inclusiva e com Aprendizado ao Longo da Vida (2020), reiterando que o PAEE é formado por educandos com deficiência, transtornos globais do desenvolvimento e altas habilidades ou superdotação.

A grande novidade do documento está na possibilidade de haver escolas bilíngues de surdos e classes bilíngues de surdos em escolas regulares inclusivas, pela adoção da Língua Brasileira de Sinais (Libras) como primeira língua e como língua de instrução. Nele também é prevista a criação de centros de atendimentos especializados para atender aos estudantes superdotados, considerando a especificidade desse público e suas áreas de interesse. O documento também abre a possibilidade de abertura de salas especializadas, o retorno das classes especiais e a manutenção de escolas de educação especial. Isso significa um retrocesso na comparação com as medidas anteriores, que previam justamente o movimento contrário, ou seja, a inclusão dos estudantes PAEE no ensino regular. Para assegurar o aprendizado ao longo da vida, o documento afirma que será adotado um

> conjunto de medidas planejadas e implementadas para garantir oportunidades de desenvolvimento e aprendizado ao longo da existência do educando, com a percepção de que a educação não acontece apenas no âmbito escolar, e de que o aprendizado pode ocorrer em outros momentos e contextos, formais ou informais, planejados ou casuais, em um processo ininterrupto. (Brasil, 2020)

Já no que concerne aos serviços que serão oferecidos, o art. 7º apresenta os atendimentos destacados a seguir, considerados serviços e recursos da educação especial:

I. centros de apoio às pessoas com deficiência visual;
II. centros de atendimento educacional especializado aos educandos com deficiência intelectual, mental e transtornos globais do desenvolvimento;
III. centros de atendimento educacional especializado aos educandos com deficiência físico-motora;

IV. centros de atendimento educacional especializado;
V. centros de atividades de altas habilidades e superdotação;
VI. centros de capacitação de profissionais da educação e de atendimento às pessoas com surdez;
VII. classes bilíngues de surdos;
VIII. classes especializadas;
IX. escolas bilíngues de surdos;
X. escolas especializadas;
XI. escolas-polo de atendimento educacional especializado;
XII. materiais didático-pedagógicos adequados e acessíveis ao público-alvo desta Política Nacional de Educação Especial;
XIII. núcleos de acessibilidade;
XIV. salas de recursos;
XV. serviços de atendimento educacional especializado para crianças de zero a três anos;
XVI. serviços de atendimento educacional especializado; e
XVII. tecnologia assistiva. (Brasil, 2020)

Observa-se que, no que diz respeito aos serviços oferecidos, há uma nova gama de possibilidades para auxiliar o estudante PAEE a desenvolver suas potencialidades e superar suas dificuldades por meio de atendimentos, recursos materiais ou instituições de ensino especializadas. Nesse sentido, também devem surgir novas demandas de formação de professores, considerando que apenas profissionais devidamente formados e especializados poderão atender a esta demanda tão específica que é a educação especial, no sentido de potencializar e desenvolver suas áreas de maior interesse.

No que tange aos profissionais, o Decreto n. 10.502/2020 prevê a criação de equipes multiprofissionais e interdisciplinares de educação especial; guias-intérpretes; professores bilíngues em Libras e língua portuguesa; professores da educação especial e profissionais de apoio escolar ou acompanhantes especializados (Brasil, 2020).

O advento desse novo decreto aponta que a legislação nacional frequentemente vem sofrendo alterações no sentido de promover um melhor atendimento ao estudante incluso, com o objetivo de garantir não apenas o acesso, mas a permanência desses discentes. A expectativa é que as diferentes modalidades de atendimento, assim como os diferentes profissionais especializados, farão toda a diferença na garantia do desenvolvimento e do aprendizado desses alunos.

Síntese

Neste último capítulo, detalhamos a legislação que assegura os direitos dos estudantes PAEE e os avanços observados em nosso país nos últimos anos.

Frisamos que o conhecimento da legislação não deve se resumir a decorar datas e termos estabelecidos, tendo em vista que isso facilmente pode ser consultado em fontes como a internet. Mais importante é conhecer o que já é direito dos estudantes da educação especial e o que pode ser exigido nas escolas no atinente à inclusão realmente significativa desses estudantes.

Quando usamos o termo *significativa*, não estamos nos reportando exclusivamente a números, mas sobretudo à qualidade dessa inclusão. Em suma, não basta inserir o estudante no contexto regular, mas assegurar a ele bem-estar, acesso a todos os ambientes e condições igualitárias de aquisição de conhecimento.

Logicamente, essa não é uma missão simples, considerando todas as especificidades que apresentamos deste o primeiro capítulo. Contudo, se os profissionais da educação realizarem pequenas, mas significativas mudanças no atendimento desses alunos, seja com a elaboração de Plano de Trabalho Individualizado (PTI), seja com adaptações de materiais ou recursos, com certeza será possível despertar o interesse de outros profissionais, que também buscarão o aprimoramento de seus conhecimentos acerca dessa demanda que diariamente tem crescido nas escolas e que faz os professores também se aprimorarem.

Indicações culturais

Filmes

COMO estrelas na terra, toda criança é especial. Direção: Aamir Khan. Índia, 2007. 175 min.

> Esse belíssimo filme conta a história do pequeno Ishaan, um garotinho que tem muita dificuldade para se concentrar nos estudos e que ainda não está alfabetizado. Depois de diversas reclamações da escola, que angustiam toda a família, o pai decide levá-lo a um colégio interno, considerando essa atitude um castigo por sua falta de compromisso. É nesse novo espaço que ele conhece o professor de artes, Nikumbh, que percebe o problema de Ishaan e entra em ação com um plano de trabalho voltado para a superação das dificuldades do pequeno estudante, enquanto estimula suas habilidades.

RAY. Direção: Taylor Hackford. EUA: Paramount Pictures, 2004. 152 min.

A história ocorre em 1932 e conta a história de Ray Charles, um menino de uma pequena e pobre cidade do estado da Geórgia que fica cego aos 7 anos, logo após testemunhar a morte acidental de seu irmão mais novo. Apesar dessa limitação, sua mãe insiste que ele deve fazer seu próprio caminho no mundo, estimulando-o até que ele encontra seu dom em um piano. Tempos depois, ele alcança fama mundial quando, pioneiramente, incorpora o *gospel*, o *country* e o *jazz*, gerando um estilo original. Ao revolucionar o modo como as pessoas apreciam música, ele também luta conta a segregação racial nas casas noturnas que o lançaram como artista. Mesmo conquistando sucesso profissional, sua vida é afetada ao se tornar viciado em heroína.

Série

THE GOOD Doctor. Criação: David Shore. EUA, 2017. Série.

Shaun Murphy é um jovem médico com transtorno do espectro autista que teve uma infância bastante difícil. Por ser pouco compreendido por seus pais, ele e o irmão resolvem fugir de casa, mas, em uma brincadeira que se transforma em acidente, ele perde tragicamente seu irmão e passa a residir com um médico que decide ajudá-lo a enfrentar seus desafios pessoais, além de auxiliá-lo nas orientações com o objetivo de provar sua capacidade médica e de lidar com sua habilidade social.

Atividades de autoavaliação

1. A Política Nacional de Educação Especial na Perspectiva da Educação Inclusiva de 2008 é um marco importante na criação das leis que regem a educação especial em nosso país. Qual dos assuntos abaixo **não** é tratado nesse documento?
   a) Diagnóstico da educação especial.
   b) Objetivo da Política Nacional de Educação Especial na Perspectiva da Educação Inclusiva.
   c) Alunos atendidos pela educação especial.
   d) Alunos atendidos pelo ensino regular na educação infantil e fundamental.
   e) Transporte escolar.

2. Responsável pela gerência da educação especial no Brasil, que, sob a égide integracionista, impulsionou ações educacionais voltadas às pessoas com deficiência e às pessoas com superdotação; ainda configuradas por campanhas assistenciais e ações isoladas do Estado. Esse trecho se refere à:
   a) Lei de Diretrizes e Bases da Educação Nacional (LDBEN), 1961.
   b) Estatuto da Criança e do Adolescente (ECA), 1990.
   c) Centro Nacional de Educação Especial (Cenesp), 1973.
   d) Política Nacional de Educação Especial, 1994.
   e) Lei de Diretrizes e Bases da Educação Nacional (LDBEN), 1996.

3. Em 2005 houve a implantação dos Núcleos de Atividade das Altas Habilidades/Superdotação (NAAH/S) em todos os estados e no Distrito Federal. Sobre o NAAH/S, é correto afirmar que:

a) esses centros foram referência para o atendimento educacional especializado (AEE) aos alunos com altas habilidades/superdotação e tinham também como objetivo orientar famílias e professores.
b) preconiza que os sistemas de ensino devem assegurar aos alunos currículo, métodos, recursos e organização específicos para atender às suas necessidades.
c) define o 'tratamento especial' para os alunos com deficiências físicas, mentais, aqueles que se encontrem em atraso considerável quanto à idade regular de matrícula e os superdotados.
d) estabelece o duplo cômputo das matriculas dos estudantes com deficiência, transtornos globais do desenvolvimento e altas habilidades/superdotação.
e) passa a exigir laudos para a regularização dos estudantes superdotados.

4. Analise as proposições a seguir e assinale V para verdadeiro ou F para falso:
( ) A Política Nacional de Educação Especial na Perspectiva da Educação Inclusiva tem como objetivo o acesso, a participação e a aprendizagem dos estudantes com deficiência, transtornos globais do desenvolvimento e altas habilidades/superdotação nas escolas regulares.
( ) A Política Nacional de Educação Especial não tem autonomia para orientar os sistemas de ensino a fim de promover respostas às necessidades educacionais.
( ) O atual conceito de educação inclusiva procura afastar a educação especial da proposta pedagógica

da escola regular, promovendo o atendimento aos estudantes com deficiência, transtornos globais do desenvolvimento e altas habilidades/superdotação em locais diversos das escolas.

( ) De acordo com as Diretrizes da Política Nacional de Educação Especial na Perspectiva da Educação Inclusiva, o atendimento educacional especializado tem como função identificar, elaborar e organizar recursos pedagógicos e de acessibilidade que eliminem as barreiras para a plena participação dos estudantes.

Agora, assinale a alternativa que apresenta a sequência correta de preenchimento dos parênteses, de cima para baixo:

a) V, V, F, F.
b) F, F, F, V.
c) V, F, F, V.
d) V, V, V, V.
e) V, V, V, F.

5. O Plano Nacional de Educação (PNE) para o decênio 2011-2020 é o planejamento nacional que institui as novas metas que deveriam ser alcançadas no âmbito da educação nacional nessa década. A meta 4 pretende universalizar, para a população de 4 a 17 anos, o atendimento escolar aos estudantes com deficiência, transtornos globais do desenvolvimento e altas habilidades ou superdotação na própria rede regular de ensino. Qual das alternativas **não** é relevante para o alcance da meta?

a) Aumentar a implantação de salas de recursos multifuncionais.
b) Fomentar a educação inclusiva, promovendo a articulação entre o ensino regular e o atendimento educacional especializado complementar ofertado em salas de recursos multifuncionais da própria escola ou em instituições especializadas.
c) Fortalecer o acompanhamento e o monitoramento do acesso à escola por parte dos beneficiários do benefício de prestação continuada, de maneira a garantir a ampliação do atendimento aos estudantes com deficiência na rede pública regular de ensino.
d) Limitar a oferta do AEE complementar aos estudantes matriculados na rede pública de ensino regular.
e) Proporcionar formação continuada de professores para o AEE complementar nas escolas urbanas e rurais.

Atividades de aprendizagem

Questões para reflexão

1. Quais dos avanços assegurados pelas Diretrizes da Política Nacional de Educação Especial na Perspectiva da Educação Inclusiva você considera mais importante?

2. Na Meta 4 do Plano Nacional de Educação (PNE) para o decênio 2011-2020, consta a seguinte estratégia: "4.2 Implantar salas de recursos multifuncionais e fomentar a formação continuada de professores para o atendimento educacional especializado complementar, nas escolas urbanas e rurais" (Brasil, 2011b).

Você considera que já se colocou em prática essa estratégia? Em suas visitas e observações em escolas, o que você constatou a esse respeito? Como os professores se sentem com relação a sua formação para trabalhar com os estudantes nas salas de recursos?
Redija um texto de, no mínimo, 15 linhas com suas considerações a esse respeito.

Atividade aplicada: prática

1. Você agora é o(a) professor(a) de um estudante superdotado de 12 anos que apresenta grande habilidade na área de raciocínio logico. Ele já foi medalhista na Olimpíada Brasileira de Astronomia (OBA) e recebe uma bolsa de estudos para continuar estudando para a Olimpíada Brasileira de Matemática das Escolas Públicas (OBMEP). Nesse momento, ele está muito interessado em estudar sobre dragões e animais extintos. Pensando em todas essas características, elabore um PTI/PEI com duração de um mês para enriquecer academicamente esse estudante, conforme prevê as diretrizes da Política de Educação Especial na Perspectiva da Educação Inclusiva.

Considerações finais

Após a leitura dos capítulos deste livro, convido você a refletir sobre quão rica e diversa é a educação especial. Essa área que escolhemos estudar e conhecer ainda mais é um cenário diverso e desafiador que todos os dias nos convida a rever antigos conceitos e a reconsiderar velhas proposições.

Contudo, alguns profissionais ainda estão presos a antigas concepções de educação segregatórias e limitadoras, não compreendendo a complexidade da inclusão escolar e do acolhimento às necessidades específicas de cada estudante. É com o fito de ampliar essa visão de mundo ultrapassada que procuramos abordar a educação especial nesta obra. Ao mesmo tempo, chamamos a atenção para a sensibilidade e o bom senso, que, aliados ao conhecimento sistematizado, podem contribuir muito para tornar o dia a dia dos estudantes inclusos mais fácil e mais produtivo, seja nos atendimentos especializados, seja na sala de aula regular.

Por essa razão, reiteramos a importância de os professores que desejam trabalhar com educação especial estarem sempre atentos às mudanças legais, teóricas e conceituais que permeiam a temática.

Neste material, fruto de uma ampla pesquisa acerca do assunto, nosso objetivo foi esclarecer algumas dúvidas e apontar alguns caminhos em sua jornada de trabalho. Mais uma vez, lembramos que este não é um manual ou receituário a ser seguido. É um trabalho que apresenta os avanços históricos, legais e metodológicos que permeiam a educação especial em nosso país e que, esperamos, tenha despertado em você o desejo de conhecer e aprender ainda mais sobre o atendimento especializado, no intuito de que, paulatinamente, você vá escolhendo suas novas rotas de aprendizagem, sempre revendo suas práticas e reavaliando suas teorias.

Encerramos desejando que, além de esclarecer algumas dúvidas, tenhamos despertado em você muitas outras, e que sua jornada na educação especial seja repleta de reflexões, ensinamentos e de muita aprendizagem!

Lista de siglas

AEE – Atendimento educacional especializado
Acic – Associação Catarinense de Integração dos Cegos
CAEDV – Centro de Atendimento Educacional Especializado na Área da Deficiência Visual
Caes – Centro de Atendimento Especializado na Área da Surdez
CEB – Câmara de Educação Básica
CF – Constituição Federal
Cenesp – Centro Nacional de Educação Especial
CNE – Conselho Nacional de Educação
ECA – Estatuto da Criança e do Adolescente
EJA – Educação de jovens e adultos
Enem – Exame Nacional do Ensino Médio
IF – Institutos federais
LDBEN – Lei de Diretrizes e Bases da Educação Nacional
Libras – Língua Brasileira de Sinais
MEC – Ministério da Educação
NAAH/S – Núcleos de Atividade das Altas Habilidades/Superdotação
NEE – Necessidades educacionais especiais
OBA – Olimpíada Brasileira de Astronomia
OBMEP – Olimpíada Brasileira de Matemática das Escolas Públicas
OMS – Organização Mundial de Saúde
ONU – Organização das Nações Unidas
PAC – Plano de Aceleração do Crescimento
PAC – Professor de apoio à comunicação alternativa
PAEE – Professor de apoio educacional especializado

PAEE – Público-alvo da educação especial
PDE – Plano de Desenvolvimento da Educação
PEI – Plano de Ensino Individualizado
PNE – Plano Nacional de Educação
PTI – Plano de Trabalho Individualizado
Sareh – Serviço de Atendimento à Rede de Escolarização Hospitalar
Secadi – Secretaria de Educação Continuada, Alfabetização, Diversidade e Inclusão
Seesp – Secretaria de Educação Especial
Semesp – Secretaria de Modalidades Especializadas de Educação
SRM – Sala de recursos multifuncionais
TA – Tecnologia assistiva
TDI – Transtorno desintegrativo da infância
TEG – Transtorno do espectro autista
TGD – Transtornos globais do desenvolvimento
TID – Transtorno invasivo do desenvolvimento
TID-SOE – Transtorno invasivo do desenvolvimento sem outra especificação
TILS – Tradutor e intérprete de Libras/Língua Portuguesa
VAC – Método visual, auditivo e cinestésico

Referências

AAMR – American Association on Mental Retardation. **Mental retardation**: definition, classification, and systems of support. Washington, DC: AAMR, 1992.

ALENCAR, E. M. L. S. de; FLEITH, D. de S. **Superdotados**: determinantes, educação e ajustamento. 2. ed. São Paulo: EPU, 2001.

ANJOS, I. R. S. dos. **Programa TEC NEP**: avaliação de uma proposta de educação profissional inclusiva. 91 f. Dissertação (Mestrado em Educação Especial) – Universidade Federal de São Carlos, São Carlos, 2006. Disponível em: <https://repositorio.ufscar.br/bitstream/handle/ufscar/2949/1171.pdf?sequence=1&isAllowed=y>. Acesso em: 29 dez. 2020.

ANTUN, R. P. Flexibilizações vs. adaptações curriculares: como incluir alunos com deficiência intelectual. **Diversa: educação inclusiva na prática**, 7 abr. 2017. Disponível em: <https://diversa.org.br/artigos/flexibilizacoes-adaptacoes-curriculares-como-incluir-alunos-deficiencia-intelectual/>. Acesso em: 29 dez. 2020.

ARANHA, M. S. F. **Projeto Escola Viva**: garantindo o acesso e permanência de todos os alunos na escola – necessidades educacionais especiais dos alunos. 2. ed. Brasília: MEC; Seesp, 2005. v. 1: Visão histórica. Disponível em: <http://portal.mec.gov.br/seesp/arquivos/pdf/visaohistorica.pdf>. Acesso em: 29 dez. 2020.

BAPTISTA, C. R. Ação pedagógica e educação especial: a sala de recursos como prioridade na oferta de serviços especializados. **Revista Brasileira de Educação Especial**, Marília, v. 17, p. 59-76, maio/ago. 2011. Disponível em: <https://www.scielo.br/pdf/rbee/v17nspe1/06.pdf>. Acesso em: 29 dez. 2020.

BEZERRA, A. R. C. et al. Intervenção terapêutica-ocupacional na psicose infantil. **PsiqWeb**, 2004. Disponível em: <http://www.psiqweb.med.br/site/?area=NO/LerNoticia&idNoticia=237>. Acesso em: 29 dez. 2020.

BORGES, W. F. **Tecnologia assistiva e práticas de letramento no atendimento educacional especializado**. 202 f. Dissertação (Mestrado em Educação) – Universidade Federal de Goiás, Catalão, 2015. Disponível em: <https://repositorio.bc.ufg.br/tede/bitstream/tede/4472/5/Disserta%C3%A7%C3%A30%20-%20Wanessa%20Ferreira%20Borges%20-%202015.pdf>. Acesso em: 29 dez. 2020.

BRASIL. Constituição (1988). **Diário Oficial da União**, Brasília, 5 out. 1988. Disponível em: <http://www.planalto.gov.br/ccivil_03/constituicao/constituicao.htm>. Acesso em: 29 dez. 2020.

BRASIL. Decreto n. 3.298, de 20 de dezembro de 1999. **Diário Oficial da União**, Poder Executivo, Brasília, DF, 21 dez. 1999. Disponível em: <http://www.planalto.gov.br/ccivil_03/decreto/d3298.htm>. Acesso em: 29 dez. 2020.

BRASIL. Decreto n. 3.956, de 8 de outubro de 2001. **Diário Oficial da União**, Poder Executivo, Brasília, DF, 9 out. 2001a. Disponível em: <http://www.planalto.gov.br/ccivil_03/decreto/2001/d3956.htm>. Acesso em: 3 jan. 2021.

BRASIL. Decreto n. 5.296, de 2 de dezembro de 2004. **Diário Oficial da União**, Poder Executivo, Brasília, DF, 3 dez. 2004. Disponível em: <http://www.planalto.gov.br/ccivil_03/_ato2004-2006/2004/decreto/d5296.htm>. Acesso em: 29 dez. 2020.

BRASIL. Decreto n. 6.571, de 17 de setembro de 2008. **Diário Oficial da União**, Poder Executivo, Brasília, DF, 18 set. 2008a. Disponível em: <http://www.planalto.gov.br/ccivil_03/_ato2007-2010/2008/decreto/d6571.htm>. Acesso em: 29 dez. 2020.

BRASIL. Decreto n. 7.611, de 17 de novembro de 2011. **Diário Oficial da União**, Poder Executivo, Brasília, DF, 18 nov. 2011a. Disponível em: <http://www.planalto.gov.br/ccivil_03/_ato2011-2014/2011/decreto/d7611.htm>. Acesso em: 29 dez. 2020.

BRASIL. Decreto n. 9.465, de 2 de janeiro de 2019. **Diário Oficial da União**, Poder Executivo, Brasília, DF, 2 jan. 2019. Disponível em: <https://www.in.gov.br/materia/-/asset_publisher/Kujrw0TZC2Mb/content/id/57633286>. Acesso em: 29 dez. 2020.

BRASIL. Decreto n. 10.502, de 30 de setembro de 2020. **Diário Oficial da União**, Poder Executivo, Brasília, DF, 1º out. 2020. Disponível em: <http://www.planalto.gov.br/ccivil_03/_ato2019-2022/2020/decreto/D10502.htm>. Acesso em: 29 dez. 2020.

BRASIL. Lei n. 4.024, de 20 de dezembro de 1961. **Diário Oficial da União**, Poder Legislativo, Brasília, DF, 27 dez. 1961. Disponível em: <http://www.planalto.gov.br/ccivil_03/leis/l4024.htm>. Acesso em: 29 dez. 2020.

BRASIL. Lei n. 5.692, de 11 de agosto de 1971. **Diário Oficial da União**, Poder Legislativo, Brasília, DF, 12 ago. 1971. Disponível em: <http://www.planalto.gov.br/ccivil_03/leis/l5692.htm#:~:text=Fixa%20Diretrizes%20e%20Bases%20para,graus%2C%20e%20d%C3%A1%20outras%20provid%C3%AAncias.&text=Art.&text=1%C2%BA%20Para%20efeito%20do%20que,m%C3%A9dio%2C%20o%20de%20segundo%20grau.>. Acesso em: 29 dez. 2020.

BRASIL. Lei n. 7.853, de 24 de outubro de 1989. **Diário Oficial da União**, Poder Executivo, Brasília, DF, 25 out. 1989. Disponível em: <http://www.planalto.gov.br/ccivil_03/leis/l7853.htm#:~:text=Disp%C3%B5e%20sobre%20o%20apoio%20%C3%A0s,P%C3%BAblico%2C%20define%20crimes%2C%20e%20d%C3%A1>. Acesso em: 29 dez. 2020.

BRASIL. Lei n. 9.394, de 20 de dezembro de 1996. **Diário Oficial da União**, Poder Legislativo, Brasília, DF, 23 dez. 1996. Disponível em: <http://www.planalto.gov.br/ccivil_03/leis/l9394.htm>. Acesso em: 29 dez. 2020.

BRASIL. Lei n. 10.172, de 9 de janeiro de 2001. **Diário Oficial da União**, Poder Legislativo, Brasília, DF, 10 jan. 2001b. Disponível em: <http://www.planalto.gov.br/ccivil_03/leis/leis_2001/l10172.htm>. Acesso em: 29 dez. 2020.

BRASIL. Lei n. 10.436, de 24 de abril de 2002. **Diário Oficial da União**, Poder Legislativo, Brasília, DF, 25 abr. 2002a. Disponível em: <http://www.planalto.gov.br/ccivil_03/leis/2002/l10436.htm>. Acesso em: 29 dez. 2020.

BRASIL. Lei n. 13.005, de 25 de junho de 2014. **Diário Oficial da União**, Poder Legislativo, Brasília, DF, 26 jun. 2014a. Disponível em: <http://www.planalto.gov.br/ccivil_03/_ato2011-2014/2014/lei/l13005.htm>. Acesso em: 29 dez. 2020.

BRASIL. Lei n. 13.234, de 29 de dezembro de 2015. **Diário Oficial da União**, Poder Legislativo, Brasília, DF, 29 dez. 2015. Disponível em: <http://www.planalto.gov.br/ccivil_03/_ato2015-2018/2015/lei/l13234.htm#~:text=Altera%20a%20Lei%20n%20200,com%20altas%20habilidades%20ou%20superdota%C3%A7%C3%A3o.>. Acesso em: 29 dez. 2020.

BRASIL. Câmara dos Deputados. Comissão de Educação e Cultura. **Projeto de Lei do Plano Nacional de Educação (PNE – 2011/2020)**: projeto em tramitação no Congresso Nacional/PL n. 8.035/2010. Brasília: Edições Câmara, 2011b. Disponível em: <http://fasubra.org.br/wp-content/uploads/2018/05/projeto-de-lei-do-plano-nacional-de-educa%C3%A7%C3%A3o-pne-2011-2020.pdf>. Acesso em: 29 dez. 2020.

BRASIL. Ministério da Educação. Portaria n. 2.678, de 24 de setembro de 2002b. Disponível em: <https://www.fnde.gov.br/index.php/acesso-a-informacao/institucional/legislacao/item/3494-portaria-mec-n%C2%BA-2678-de-24-de-setembro-de-2002>. Acesso em: 3 jan. 2021.

BRASIL. Ministério da Educação. Conselho Nacional de Educação. Câmara de Educação Básica. Resolução n. 2, de 11 de setembro de 2001. **Diário Oficial da União**, Brasília, 14 set. 2001c. Disponível em: <http://portal.mec.gov.br/cne/arquivos/pdf/CEB0201.pdf>. Acesso em: 29 dez. 2020.

BRASIL. Ministério da Educação. Conselho Nacional de Educação. Câmara de Educação Básica. Resolução n. 4, de 2 de outubro de 2009. **Diário Oficial da União**, Brasília, DF, 5 out. 2009a. Disponível em: <http://portal.mec.gov.br/dmdocuments/rceb004_09.pdf>. Acesso em: 29 dez. 2020.

BRASIL. Ministério da Educação. Instituto Nacional de Estudos e Pesquisas Educacionais Anísio Teixeira. **Sinopse estatística da educação básica**: censo escolar 2006. Brasília, 2007b. Disponível em: <http://portal.inep.gov.br/documents/186968/484421/Sinopse+estat%C3%ADstica+da+educa%C3%A7%C3%A3o+b%C3%A1sica+censo+escolar+2006/9dc9b493-ff6f-4649-a4e9-f4b2b9510831?version=1.2>. Acesso em: 29 dez. 2020.

BRASIL. Ministério da Educação. Secretaria de Educação Continuada, Alfabetização, Diversidade e Inclusão. Diretoria de Políticas de Educação Especial. **Documento Orientador**: Programa Implantação de Salas de Recursos Multifuncionais. Brasília, 2013a. Disponível em: <http://portal.mec.gov.br/index.php?option=com_docman&view=download&alias=11037-doc-orientador-multifuncionais-pdf&category_slug=junho-2012-pdf&Itemid=30192>. Acesso em: 29 dez. 2020.

- BRASIL. Ministério da Educação. Secretaria de Educação Continuada, Alfabetização, Diversidade e Inclusão. **Política Nacional de Educação Especial na Perspectiva da Educação Inclusiva**. Brasília, DF, jan. 2008b. Disponível em: <http://portal.mec.gov.br/arquivos/pdf/politicaeducespecial.pdf>. Acesso em: 29 dez. 2020.
- BRASIL. Ministério da Educação. Secretaria de Educação Continuada, Alfabetização, Diversidade e Inclusão. **Política Nacional de Educação Especial na Perspectiva da Educação Inclusiva**. Brasília, DF, dez. 2014b. Disponível em: <http://portal.mec.gov.br/index.php?option=com_docman&view=download&alias=16690-politica-nacional-de-educacao-especial-na-perspectiva-da-educacao-inclusiva-05122014&Itemid=30192>. Acesso em: 29 dez. 2020.
- BRASIL. Ministério da Educação. Secretaria de Educação Especial. Edital n. 1, de 26 de abril de 2007. **Programa de implantação de salas de recursos multifuncionais**. Brasília, DF, 2007c. Disponível em: <http://portal.mec.gov.br/arquivos/pdf/2007_salas.pdf>. Acesso em: 29 dez. 2020.
- BRASIL. Ministério da Educação. Secretaria de Educação Especial. **Manual de Orientação**: Programa de Implantação de Sala de Recursos Multifuncionais. Brasília, 2010. Disponível em: <http://portal.mec.gov.br/index.php?option=com_docman&view=download&alias=9936-manual-orientacao-programa-implantacao-salas-recursos-multifuncionais&Itemid=30192>. Acesso em: 29 dez. 2020.
- BRASIL. Ministério da Educação. Secretaria de Educação Especial. **Política Nacional de Educação Especial**. Brasília, 1994. Disponível em: <https://inclusaoja.files.wordpress.com/2019/09/polc3adtica-nacional-de-educacao-especial-1994.pdf>. Acesso em: 29 dez. 2020.

BRASIL. Ministério da Educação. Secretaria de Educação Especial. **Portal de ajudas técnicas para educação**: equipamento e material pedagógico para educação, capacitação e recreação da pessoa com deficiência física – recursos pedagógicos adaptados. Brasília: MEC; Seesp, 2002b. Fascículo 1. Disponível em: <https://iparadigma.org.br/wp-content/uploads/Ed-incluisva-83.pdf>. Acesso em: 29 dez. 2020.

BRASIL. Ministério da Educação. Secretaria de Educação Especial. **Projeto Escola Viva**: garantindo o acesso e permanência de todos os alunos na escola – alunos com necessidades educacionais especiais. Brasília: MEC; Seesp, 2002c. v. 2: Reconhecendo os alunos que apresentam dificuldades acentuadas de aprendizagem relacionadas a condutas típicas. Disponível em: <http://livros01.livrosgratis.com.br/me000453.pdf>. Acesso em: 29 dez. 2020.

BRASIL. Ministério da Educação. Secretaria de Educação Especial. **Projeto Escola Viva**: garantindo o acesso e permanência de todos os alunos na escola – alunos com necessidades educacionais especiais. Brasília: MEC; Seesp, 2000a. v. 5: Adaptações curriculares de grande porte. Disponível em: <http://portal.mec.gov.br/seesp/arquivos/pdf/cartilha05.pdf>. Acesso em: 29 dez. 2020.

BRASIL. Ministério da Educação. Secretaria de Educação Especial. **Projeto Escola Viva**: garantindo o acesso e permanência de todos os alunos na escola – alunos com necessidades educacionais especiais. Brasília: MEC; Seesp, 2000b. v. 6: Adaptações curriculares de pequeno porte. Disponível em: <http://www.dominiopublico.gov.br/download/texto/me000449.pdf>. Acesso em: 29 dez. 2020.

BRASIL. Secretaria de Direitos Humanos da Presidência da República. Secretaria Nacional de Promoção dos Direitos da Pessoa com Deficiência. **Viver sem limite**: plano nacional dos direitos da pessoa com deficiência. Brasília: SDH-PR/SNPD, 2013b. Disponível em: <https://portal.ead.ufgd.edu.br/wp-content/uploads/2014/01/Cartilha-Viver-sem-Limites.pdf>. Acesso em: 29 dez. 2020.

BRASIL. Secretaria Especial dos Direitos Humanos. Portaria n. 142, de 16 de novembro de 2006. **Diário Oficial da União**, Brasília, DF, 17 nov. 2006. Disponível em: <https://www.jusbrasil.com.br/diarios/770696/pg-3-secao-2-diario-oficial-da-uniao-dou-de-17-11-2006>. Acesso em: 6 nov. 2020.

BRASIL. Subsecretaria Nacional de Promoção dos Direitos da Pessoa com Deficiência. Comitê de Ajudas Técnicas. **Tecnologia assistiva**. Brasília: Corde, 2009b. Disponível em: <http://www.galvaofilho.net/livro-tecnologia-assistiva_CAT.pdf>. Acesso em: 29 dez. 2020.

BUSS, B.; GIACOMAZZO, G. F. As interações pedagógicas na perspectiva do ensino colaborativo (Coensino): diálogos com o segundo professor de turma em Santa Catarina. **Revista Brasileira de Educação Especial**, Bauru, v. 25, n. 4, out./dez. 2019. Disponível em: <https://www.scielo.br/scielo.php?pid=S1413-65382019000400655&script=sci_arttext&tlng=pt>. Acesso em: 29 dez. 2020.

CARVALHO, E. N. S. de. **Programas e capacitação de recursos humanos do ensino fundamental**: deficiência múltipla. Brasília: MEC; Seesp, 2000. v. 1. Disponível em: <http://portal.mec.gov.br/seesp/arquivos/pdf/def_multipla_1.pdf>. Acesso em: 29 dez. 2020.

CERQUEIRA, T. C. S. **Estilos de aprendizagem em universitários**. 179 f. Tese (Doutorado em Educação) – Universidade Estadual de Campinas, Campinas, 2000. Disponível em: <http://repositorio.unicamp.br/bitstream/REPOSIP/253390/1/Cerqueira_TeresaCristinaSiqueira_D.pdf>. Acesso em: 29 dez. 2020.

CONDERMAN, G.; BRESNAHAN, V.; PEDERSEN, T. **Purposeful Co-Teaching**: Real Cases and Effectives Strategies. Thousand Oaks: Corwin Press, 2009.

COOK, A. M.; POLGAR, J. M. **Assistive Technologies**: Principles and Practice. Missouri: Elsevier, 2008.

DECLARAÇÃO de Montreal sobre a Deficiência Intelectual. Montreal, 6 out. 2004. Tradução de Jorge Márcio Pereira de Andrade. Disponível em: <http://www.educadores.diaadia.pr.gov.br/arquivos/File/pdf/declaracao_montreal.pdf>. Acesso em: 29 dez. 2020.

DECLARAÇÃO DE SALAMANCA. 1994. Disponível em: <http://portal.mec.gov.br/seesp/arquivos/pdf/salamanca.pdf>. Acesso em: 29 dez. 2020.

EBERLIN, S. **O software livre como alternativa para a inclusão digital do deficiente visual**. 220 f. Dissertação (Mestrado em Engenharia Elétrica) – Universidade Estadual de Campinas, Campinas, 2006. Disponível em: <http://repositorio.unicamp.br/jspui/handle/REPOSIP/261809>. Acesso em: 29 dez. 2020.

FIOCRUZ – Fundação Oswaldo Cruz. **Definiência auditiva**. Disponível em: <http://www.fiocruz.br/biosseguranca/Bis/infantil/deficiencia-auditiva.htm>. Acesso em: 29 dez. 2020.

FREITAS, S. N.; PÉREZ, S. G. P. B. **Manual de identificação de Altas Habilidades/Superdotação**. Guarapuava: Apprehendere, 2016.

GADENS, S. T. F.; GODOY, M. A. B. Sala de recursos multifuncional: construindo os caminhos para superar as dificuldades. In: PARANÀ (Estado). Os desafios da escola pública paranaense na perspectiva do professor PDE. **Cadernos PDE**, v. 1, 2014. Disponível em: <http://www.diaadiaeducacao.pr.gov.br/portals/cadernospde/pdebusca/producoes_pde/2014/2014_unicentro_edespecial_artigo_sueli_terezinha_filipaki.pdf>. Acesso em: 29 dez. 2020.

GALVÃO FILHO, T. A. A tecnologia assistiva: de que se trata? In: MACHADO, G. J. C.; SOBRAL, M. N. (Org.). **Conexões**: educação, comunicação, inclusão e interculturalidade. Porto Alegre: Redes, 2009. p. 207-235.

GARCIA, R. M. C. Política de educação especial na perspectiva inclusiva e a formação docente no Brasil. **Revista Brasileira de Educação**, v. 18, n. 52, p. 101-119, jan./mar. 2013. Disponível em: <https://www.scielo.br/pdf/rbedu/v18n52/07.pdf>. Acesso em: 29 dez. 2020.

GODÓI, A. M. de. **Educação infantil**: saberes e práticas da inclusão – dificuldades acentuadas de aprendizagem – deficiência múltipla. 4. ed. Brasília: MEC; Seesp, 2006. Disponível em: <http://portal.mec.gov.br/seesp/arquivos/pdf/deficienciamultipla.pdf>. Acesso em: 29 dez. 2020.

GOLDFELD, M. **A criança surda**: linguagem e cognição numa perspectiva sociointeracionista. 7. ed. São Paulo: Plexus, 2002.

KLIN, A. Autismo e síndrome de Asperger: uma visão geral. **Revista Brasileira de Psiquiatria**, São Paulo, v. 28, supl. 1, p. s3-s11, 2006. Disponível em: <https://www.scielo.br/pdf/rbp/v28s1/a02v28s1.pdf>. Acesso em: 29 dez. 2020.

KLIN, A.; MERCADANTE, M. T. Autismo e transtornos invasivos do desenvolvimento. **Revista Brasileira de Psiquiatria**, São Paulo, v. 28, supl. 1, p. s1-s2, 2006. Disponível em: <https://www.scielo.br/pdf/rbp/v28s1/a01v28s1.pdf>. Acesso em: 29 dez. 2020.

KOCH, I. G. V.; ELIAS, V. M. **Ler e escrever**: estratégias de produção textual. São Paulo: Contexto, 2010.

KUBASKI, C.; MORAES, V. P. O bilinguismo como proposta educacional para crianças surdas. CONGRESSO NACIONAL DE EDUCAÇÃO – EDUCERE, 9.; ENCONTRO SUL BRASILEIRO DE PSICOPEDAGOGIA, 3., 2009, Curitiba. **Anais...** p. 3413-3419. Disponível em: <http://www.educadores.diaadia.pr.gov.br/arquivos/File/artigos_edespecial/biliguinguismo.pdf>. Acesso em: 29 dez. 2020.

LEITE, L. P.; BORELLI, L. M.; MARTINS, S. E. S. de O. Currículo e deficiência: análise de publicações brasileiras no cenário da educação inclusiva. **Educação em Revista**, Belo Horizonte, v, 29, n. 1, p. 63-92, mar. 2013. Disponível em: <https://www.scielo.br/pdf/edur/v29n1/a05v29n1.pdf>. Acesso em: 29 dez. 2020.

LOPES, E. **Flexibilização curricular: um caminho para o atendimento de aluno com deficiência, nas classes comuns da educação básica**. Londrina: Secretaria de Estado da Educação; Superintendência da Educação; UEL, 2008. (Programa de Desenvolvimento Educacional). Disponível em: <http://www.gestaoescolar.diaadia.pr.gov.br/arquivos/File/producoes_pde/artigo_esther_lopes.pdf>. Acesso em: 29 dez. 2020.

MACIEL, M. C. B. T. Deficiência física. In: BRASIL. Ministério da Educação e do Desporto. Secretaria de Educação a Distância. **Deficiência mental, deficiência física**. Brasília, 1998. (Cadernos da TV Escola – Educação especial). p. 50-96. Disponível em: <http://www.dominiopublico.gov.br/download/texto/me000351.pdf>. Acesso em: 29 dez. 2020.

MANZINI, E. J. Tecnologia assistiva para educação: recursos pedagógicos adaptados. In: BRASIL. Ministério da Educação. Secretaria de Educação Especial. **Ensaios pedagógicos**: construindo escolas inclusivas. Brasília, 2005. p. 82-86. Disponível em: <http://portal.mec.gov.br/seesp/arquivos/pdf/ensaiospedagogicos.pdf>. Acesso em: 29 dez. 2020.

MARTIN, M. C.; JÁUREGUI, M. V. G.; LÓPEZ, M. L. S. **Incapacidade motora**: orientações para adaptar a escola. Porto Alegre: Artmed, 2004.

MCINNES, J. M.; TREFFRY, J. A. **Deaf-Blind Infants and Children**: a Developmental Guide. São Paulo: AHIMSA, 1991.

MENDES, E. G.; ALMEIDA, M. A.; TOYODA, C. Y. Inclusão escolar pela via da colaboração entre educação especial e educação regular. **Educar em Revista**, Curitiba, n. 41, p. 81-93, jul./set. 2011. Disponível em: <https://www.scielo.br/pdf/er/n41/06.pdf>. Acesso em: 29 dez. 2020.

MILANESI, J. B. **Organização e funcionamento das salas de recursos multifuncionais em um município paulista**. 183 f. Dissertação (Mestrado em Educação Especial) – Universidade Federal de São Carlos, São Carlos, 2012. Disponível em: <https://repositorio.ufscar.br/bitstream/handle/ufscar/3101/4342.pdf?sequence=1&isAllowed=y>. Acesso em: 29 dez. 2020.

MIRANDA, A. S.; ALVES, J. B. M. Análise ergonômica dos programas Dosvox e Virtual Vision. In: SEMINÁRIO ACESSIBILIDADE, TECNOLOGIA DA INFORMAÇÃO E INCLUSÃO DIGITAL, 1., 2001, São Paulo. **Anais...** Disponível em: <http://www.prodam.sp.gov.br/multimidia/midia/cd_atiid/conteudo/ATIID2001/Posters/P1/AnaliseErgonomicaProgramaDosvoxVV.pdf>. Acesso em: 29 dez. 2020.

MONTEIRO, R.; SILVA, D. N. H.; RATNER, C. Surdez e diagnóstico: narrativas de surdos adultos. **Psicologia: Teoria e Pesquisa**, v. 32, número especial, p. 1-7, 2016. Disponível em: <https://www.scielo.br/pdf/ptp/v32nspe/1806-3446-ptp-32-spe-e32ne210.pdf>. Acesso em: 29 dez. 2020.

NASCIMENTO, F. A. A. A. C.; MAIA, S. R. **Saberes e práticas da inclusão**: dificuldades de comunicação e sinalização: surdocegueira/ múltipla deficiência sensorial. 4. ed. Brasília: MEC/Seesp, 2006. Disponível em: <http://portal.mec.gov.br/seesp/arquivos/pdf/surdosegueira.pdf>. Acesso em: 29 dez. 2020.

NOVAES, M. H. **Adaptação escolar**. Petrópolis: Vozes, 1975.

NUNES, S. da S.; SAIA, A. L.; TAVARES, E. Educação inclusiva: entre a história, os preconceitos, a escola e a família. **Psicologia: Ciência e Profissão**, v. 35, n. 4, p. 1106-1119, 2015. Disponível em: <https://www.scielo.br/pdf/pcp/v35n4/1982-3703-pcp-35-4-1106.pdf>. Acesso em: 6 nov. 2020.

OLIVEIRA, M. A. de; LEITE, L. P. Educação inclusiva: análise e intervenção em uma sala de recursos. **Paideia**, Ribeirão Preto, v. 21, n. 49, p. 197-205, maio/ago. 2011. Disponível em: <https://www.scielo.br/pdf/paideia/v21n49/07.pdf>. Acesso em: 29 dez. 2020.

OMOTE, S. et al. Mudança de atitudes sociais em relação à inclusão. **Paideia**, Ribeirão Preto, v. 15, n. 32, p. 387-398, 2005. Disponível em: <http://dx.doi.org/10.1590/S0103-863X2005000300008>. Acesso em: 29 dez. 2020.

OMOTE, S. Inclusão: da intenção à realidade. In: OMOTE, S. (Org.). **Inclusão**: intenção e realidade. Marília: Fundepe, 2004. p. 1-10.

OMS – Organização Mundial da Saúde. **Classificação estatística internacional de doenças e problemas relacionados à saúde**: décima revisão – CID10. Tradução do Centro Colaborador da OMS para a Classificação de Doenças em Português. 10. ed. São Paulo: Edusp, 2009.

PASIAN, M. S.; VELTRONE, A. A; CAETANO, N. C. de S. P. Avaliações educacionais e seus resultados: revelando ou omitindo a realidade brasileira sobre o fracasso escolar. **Revista Eletrônica de Educação**, São Carlos, v. 6, n. 2, p. 440-456, nov. 2012. Disponível em: <http://www.reveduc.ufscar.br/index.php/reveduc/article/view/362/211>. Acesso em: 29 dez. 2020.

PORTAL EDUCAÇÃO. **Flexibilidade curricular: um assunto em debate**. Disponível em: <https://www.portaleducacao.com.br/conteudo/artigos/pedagogia/flexibilidade-curricular-um-assunto-em-debate/25698>. Acesso em: 29 dez. 2020.

PRIETO, R. G.; MANTOAN, M. T. E.; ARANTES, V. A. Atendimento escolar de alunos com necessidades educacionais especiais: um olhar sobre as políticas públicas de educação no Brasil. In: ARANTES, V. A. (Org.). **Inclusão escolar**: pontos e contrapontos. 6. ed. São Paulo: Summus, 2006. p. 31-103. v. 1.

RABELO, L. C. C. **Ensino colaborativo como estratégia de formação continuada de professores para favorecer a inclusão escolar**. 200 f. Dissertação (Mestrado em Educação Especial) – Universidade Federal de São Carlos, São Carlos, 2012. Disponível em: <https://repositorio.ufscar.br/bitstream/handle/ufscar/3103/4352.pdf?sequence=1&isAllowed=y>. Acesso em: 29 dez. 2020.

RENZULLI, J. S. The Three-Ring Conception of Giftedness: a Developmental Model for Promoting Creative Productivity. In: RENZULLI, J. S.; REIS, S. M. (Org.). **The Triad Reader**. Mansfield Center: Creative Learning Press, 1986. p. 2-19.

RINALDI, G. et al. (Org.). **Deficiência auditiva**. Brasília: Seesp, 1997. (Série Atualidades Pedagógicas, n. 4).

RODRIGUES, D. Dez ideias (mal) feitas sobre educação inclusiva. In: RODRIGUES, D. (Ed.). **Educação inclusiva**: doze olhares sobre a educação inclusiva. São Paulo: Summus, 2006. p. 299-306.

ROSSI, T. M. de F.; ROSSI, C. F. de F. Deficiência intelectual, inclusão escolar e participação social. In: CONGRESSO NACIONAL DE EDUCAÇÃO – EDUCERE, 10., 2011, Curitiba. **Anais...** Disponível em: <https://educere.bruc.com.br/CD2011/pdf/5096_3686.pdf>. Acesso em: 29 dez. 2020.

SALDANHA, C. C.; ZAMPRONI, E. C. B.; BATISTA, M. de L. A. Estilos de aprendizagem: anexo 1. **Semana Pedagógica**, 2016. Disponível em: <http://www.gestaoescolar.diaadia.pr.gov.br/arquivos/File/sem_pedagogica/julho_2016/dee_anexo1.pdf>. Acesso em: 29 dez. 2020.

SANT'ANNA, D. M.; ZULIAN. M. A. R. Você acha que recursos alternativos ajudariam na melhora funcional do portador de esclerose lateral amiotrófica? In: ENCONTRO LATINO AMERICANO DE INICIAÇÃO CIENTÍFICA, 10.; ENCONTRO LATINO AMERICANO DE PÓS-GRADUAÇÃO, 6., 2006, São José dos Campos. **Anais...** São José dos Campos: Universidade do Vale do Paraíba, 2006. Disponível em: <http://www.inicepg.univap.br/cd/INIC_2006/inic/inic/03/INIC0000598.pdf>. Acesso em: 29 dez. 2020.

SANTOS, V. S. dos. Síndrome de Down. **Brasil Escola**. Disponível em: <http://www.brasilescola.com/doencas/sindrome-de-down.htm>. Acesso em: 29 dez. 2020.

SASSAKI, R. K. **Inclusão**: construindo uma sociedade para todos. 7. ed. Rio de Janeiro: WVA, 2006.

SCHWARTZMAN, J. S. Síndrome de Rett. **Revista Brasileira de Psiquiatria**, São Paulo, v. 25, n. 2, p 110-113, 2003. Disponível em: <https://www.scielo.br/pdf/rbp/v25n2/v25n02a12.pdf>. Acesso em: 29 dez. 2020.

TRAVASSOS-RODRIGUEZ, F. O indivíduo com Síndrome de Down e a inclusão familiar. **Viver Down**, 18 abr. 2014. Disponível em: <https://viverdown.com.br/?p=313>. Acesso em: 29 dez. 2020.

VALENTINI, C. B. et al. Um software de autoria para a educação de surdos: integração da língua de sinais e da língua escrita. **Revista Renote**, Porto Alegre, v. 4, n. 2, dez. 2006. Disponível em: <https://seer.ufrgs.br/renote/article/view/14188/8165>. Acesso em: 29 dez. 2020.

VANDERHEIDEN, G. C.; VANDERHEIDEN, K. R. **Accessible Design of Consumer Products**. Guidlines for the Design of Consumer Products to Increase their Acessibility to the People with Disabilities or who are Aging. Ad-Hoc Industry Consumer. Madison: University of Wisconsin, 1991.

VANOLI, E. N.; BERNARDINO; L. F. Psicose infantil: uma reflexão sobre a relevância da intervenção psicanalítica. **Estilos da Clínica**, v. 13, n. 25, p. 250-267, 2008. Disponível em: <http://pepsic.bvsalud.org/pdf/estic/v13n25/a15v1325.pdf>. Acesso em: 29 dez. 2020.

VAUGHN, S.; SCHUMM, J. S.; ARGUELLES, M. E. The ABCDEs of Co-Teaching. **Teaching Exceptional Children**, v. 30, n. 2, Nov./Dec. 1997.

VELTRONE, A. A. **Inclusão escolar do aluno com deficiência intelectual no Estado de São Paulo**: identificação e caracterização. 193 f. Tese (Doutorado em Educação Especial) – Universidade Federal de São Carlos, São Carlos, 2011. Disponível em: <https://repositorio.ufscar.br/bitstream/handle/ufscar/2881/3693.pdf?sequence=1&isAllowed=y>. Acesso em: 29 dez. 2020.

VERUSSA, E. de O. **Tecnologia assistiva para o ensino de alunos com deficiência**: um estudo com professores do ensino fundamental. 96 f. Dissertação (Mestrado em Educação) – Universidade Estadual "Júlio de Mesquita Filho", Marília, 2009. Disponível em: <http://www.pessoacomdeficiencia.sp.gov.br/wp-content/uploads/2020/03/TA_ED_TECNOLOGIA-ASSISTIVA-APRA-O-ENSINO-DE-ALUNOS-COM-DEFICI%C3%8ANCIA-UM-ESTUDO-COM-PROFESSORES-DO-ENSINO-FUNDAMENTAL_EDNA-DE-OLIVEIRA-VERUSSA.pdf>. Acesso em: 29 dez. 2020.

VIEIRA, A. B. **Práticas pedagógicas e formação continuada de professores no ensino da língua materna**: contribuições para a inclusão escolar. 246 f. Dissertação (Mestrado em Educação) – Universidade Federal do Espírito Santo, Vitória, 2008. Disponível em: <http://portais4.ufes.br/posgrad/teses/nometese_112_ALEXANDRO%20BRAGA%20VIEIRA.pdf>. Acesso em: 29 dez. 2020.

VIRGOLIM, A. M. R. O indivíduo superdotado: História, concepção e identificação. **Psicologia: Teoria e Pesquisa**, v. 13, n. 1, 1997. p. 173-183.

VIRGOLIM, A. M. R. **Creativity and Intelligence**: a Study of Brazilian Gifted and Talented Student. Unpublished Doctoral Dissertation, University of Connecticut, Storrs, Mansfield, 2005.

WOOD, M. Whose Job is it Anyway? Educational Roles in Inclusion. **Exceptional Children**, v. 64, n. 2, p. 181-195, 1998.

Bibliografia comentada

COLL, C.; MARCHESI, Á.; PALACIOS, J. (Org.). **Desenvolvimento psicológico e educação**. Tradução de Fátima Murad. 2. ed. Porto Alegre: Artmed, 2004.
Essa obra apresenta um excelente panorama da educação especial, permeando as principais patologias, diagnósticos e transtornos encontrados no âmbito escolar. Relacionando sempre os conceitos psicológicos com a educação e o ensino, os autores expõem toda a diversidade presente no sistema educacional. Além disso, o trabalho sugere orientações que não se limitam a explicações e modelos gerais, mas indicam mudanças que podem ser realizadas pela escola de forma geral e pelos professores com o propósito de ressignificar a educação e o ensino.

MATTOS. P. **No mundo da lua**: Transtorno do Déficit de Atenção com Hiperatividade – TDAH. 14. ed. SP: Ed. ABDA, 2013.
Esse livro aborda os principais sintomas e características do transtorno do déficit de atenção com hiperatividade (TDAH), orientando pais e professores que estão diretamente em contato com crianças, adolescentes e adultos com esse transtorno. O material é estruturado em perguntas e respostas, o que facilita muito a leitura e a compreensão do leitor.

SENO, M. P. **Matheus no mundo da dislexia**. Livro eletrônico. Ilustrações Stephanie Luna. Marília: Ed. da Autora, 2020. O livro conta a história de Matheus, um estudante de 8 anos que, depois de passar por uma avaliação multiprofissional, recebe o diagnóstico de dislexia. Ele conta que seu avô e seu pai também foram diagnosticados como disléxicos e nos apresenta algumas diferenças entre a dislexia auditiva, visual e mista. O personagem conta que o acompanhamento da fonoaudióloga tem lhe ajudado a superar as dificuldades e mostra o resultado positivo de todos esses esforços com a melhora de sua interação e seu rendimento escolar. É possível baixar gratuitamente esse material realizando um cadastro no *site* da Associação Brasileira de Dislexia em: <https://steiluna866.wixsite.com/matheusnomundo?fbclid=IwAR3v7CdHwiuq6CupXz8l674P3CfOLpDZIhTx_1incJxdoVS3CxZIYR5lXmY>.

STERNBER, R. J.; GRIGORENKO, E. L. **Inteligência plena**: ensinando e incentivando a aprendizagem e a realização dos alunos. Tradução de Maria Adriana Veríssimo Veronese. Porto Alegre: Artmed, 2003. Esse livro apresenta uma visão ampla da inteligência e de como cada um pode se beneficiar das habilidades pessoais para resolver problemas cotidianos. Ele também demonstra como praticar em sala de aula algumas técnicas que podem ajudar os alunos a desenvolverem plenamente sua inteligência, aumentando o prazer de estar em sala de aula e a realização, seja por meio do sucesso em avaliações tradicionais, seja pelo maior interesse e desempenho diário. É uma excelente leitura para professores que pretendem desenvolver as potencialidades de seus discentes, independentemente de sua deficiência, transtorno ou condição.

VIRGOLIM, A. M. R.; KONKIEWITZ, E. C. (Org.). **Altas habilidades/ superdotação, inteligência e criatividade**: uma visão multidisciplinar. Campinas: Papirus, 2014.

Esse é um excelente material para profissionais da saúde e da educação que já trabalham com superdotados, ou para aqueles que desejam iniciar estudos na área. As organizadoras reuniram diversos artigos de pesquisadores nacionais e internacionais sobre temáticas pertinentes à superdotação, como questões emocionais, a avaliação e a vida adulta da pessoa superdotada.

Anexo

Modelo de PTI/PEI

Plano de Ensino Individualizado
Modalidade do atendimento: _____
Nome do professor e período: _____

1. Dados de identificação

   Nome do aluno: _____

   Contatos (nomes/telefones): _____
   _____

   Data de nascimento: _____ Idade: _____

   Diagnóstico: _____
   _____
   _____

   Escola do ensino regular: _____

   Ano escolar: _____

   Existe reprova? ( ) sim Em que ano? _____ ( ) não

   Reclassificação? _____

   Frequenta outros atendimentos? Em que dias e horários? (Se possível adicionar o contato dos profissionais)
   _____
   _____

Dias de frequência no AEE

Seg	Ter	Qua	Qui	Sex

2. Aspectos socioemocionais e acadêmicos

			Observações:
Aprendizagem			
Meio social/ familiar			
Afetiva/emocional			

3. Proposta de trabalho

Áreas de interesse	Dificuldades	Potencialidades	Adaptações e ações a serem realizadas

Obs.: As áreas podem ser substituídas por disciplinas. Assim, os professores do ensino regular podem utilizar esse modelo para realizar, de acordo com a matéria que lecionam, uma sondagem para avaliar as dificuldades, os conteúdos já assimilados e as potencialidades de cada estudante e, assim, organizar seu PTI/PEI de acordo com as especificidades de cada um.

Respostas

Capítulo 1

1. b
2. a
3. c
4. d
5. e

Capítulo 2

1. a
2. d
3. b
4. e
5. d

Capítulo 3

1. d
2. c
3. e
4. a
5. b

Capítulo 4

1. c
2. a
3. b
4. d
5. e

Capítulo 5

1. d
2. c
3. a
4. b
5. e

Capítulo 6

1. e
2. c
3. a
4. c
5. d

Sobre a autora

Patricia Gonçalves é graduada em Pedagogia, com habilitação em Educação Especial e em Filosofia, psicopedagoga, especialista em Metodologia do Ensino de Língua Portuguesa e Literatura, mestre em Filosofia e doutora em Educação, na linha de pesquisa cognição, aprendizagem e desenvolvimento humano, pela Universidade Federal do Paraná (UFPR). Tem experiência na educação infantil, no ensino fundamental e no ensino médio (modalidade educação de jovens e adultos). No âmbito da educação especial, tem experiência com salas de recursos, classe especial, estudantes surdos, disléxicos e superdotados. Trabalhou como professora *web*, tutora no ensino superior a distância e docente no ensino superior presencial, além de produzir material para o ensino remoto. Atualmente, pesquisa o desenvolvimento da inteligência humana e trabalha diretamente com o enriquecimento curricular de estudantes que se destacam por seu desempenho acadêmico e/ou potencial criativo, além de lecionar no ensino superior presencial e a distância. Tem DRT de Diretora de Produção de Espetáculos.

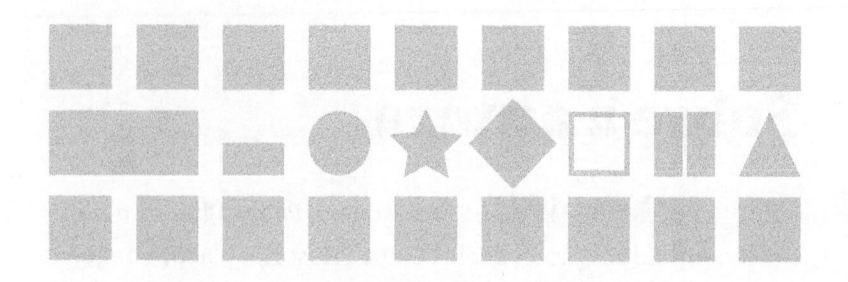

Os papéis utilizados neste livro, certificados por instituições ambientais competentes, são recicláveis, provenientes de fontes renováveis e, portanto, um meio **respons**ável e natural de informação e conhecimento.

FSC
www.fsc.org
MISTO
Papel produzido a partir de fontes responsáveis
FSC® C103535

Impressão: Reproset
Junho/2022